editorial
EDP
UNIVERSITY

ISBN: 978-1-950792-44-3

Primera edición: abril 2023

Portada: Julio A. Cruz

Diagramación: Linnette Cubano García
Consultor: Emilio del Carril
Edición y corrección: Las Marías Estudio Editorial

EDP University of P.R. Inc.
Ave. Ponce de León 560
Hato Rey, P.R.
PO Box 192303
San Juan, P.R. 00919-2303

www.edpuniversity.edu

 Editorial EDP

AWILDA CÁEZ

TODO EL
MAL
NECESARIO

Para Alexander,
mi nuevo país

I think the truth is that finding ourselves
brings more excitement and well-being than anything
romance has to offer, and somewhere we know that.

-bell hooks

[...] en la secuencia del semáforo un billete
de lotería para viajar hacia la felicidad
de los segundos congelados

Eterna constelación de pocos segundos
Timo Berger

And if I get burned, at least we were electrified.

Dress
Taylor Swift

Contenido

Presente 11

Año 2009

Corazón de melón amargo 17

Precalentando el horno 21

Una vida sin crema de chocolate 25

Soy un helado que se derrite 31

Otra dulce tentación 37

Sin harina ni azúcar 43

Golosa 51

Mentiras, filosofías de vida y el orgullo de ser
un *friand* de cerezas 55

Cuando las galletas se queman,
el bizcocho queda crudo
y la masa se desmorona 61

Nuevas recetas, otros ingredientes 73

Si pudiéramos coleccionar la alegría 81

Cómo empecé a hornear una nueva Karla 87

La vida de los latinos en Estados Unidos
no es *peaches and cream* 93

Bizcocho de vainilla con
glaseado de merengue 97

Perder sin tener la oportunidad de jugar 103

A veces me siento como un
soufflé desinflado 109

Flambear una ciudad 113

Presente 117

Presente

Hoy, 18 de marzo de 2010
10:30 a. m.

A veces la gente buena hace cosas malas. Por eso, si volviera a nacer, quizás cometería los mismos errores. O tal vez no. A estas alturas todavía desconozco muchos de los enigmas del arrepentimiento. Sentirse culpable es diferente; eso fue lo que me trajo a esta ciudad donde todavía ando purgando mis pecados. Podría aceptar que me equivoqué, recordar los fallos como si fueran una secuencia de cuadros pintados por mí y, sin embargo, eso no siempre viene acompañado de remordimientos. Es como si dijera: "Sí, lo hice mal, pero no puedo cambiar el pasado y acepto vivir con las consecuencias sin pedir perdón".

Quizás por eso hay días en los cuales abro los ojos y me siento rara. Como si algo fuera a suceder en algún momento y la catástrofe nada más está esperando a que me levante de la cama. Qué fortuna sería conocer con anticipación cuándo ocurrirán las desgracias. Me acomodaría debajo de la sábana y rehusaría salir de ahí hasta estar segura de que los eventos que amenazaban con fastidiarme se cansaron de esperar y desaparecieron. Sin embargo, la vida no es mágica ni justa, no se puede huir de lo que nos toca.

El amanecer del día en que volví a enfrentarme al pasado no tuvo nada de extraño. Desperté como siempre, a las cinco de la mañana. Tomé el autobús en North Avenue y Kimbell; cuarenta minutos después ya iba camino a mi trabajo en Lake View, sentada en el otro autobús que tomo frente al Gap de la avenida Diversey con la misma gente de todos los días y a las cuales nunca saludo.

Las calles de Humboldt Park son un entramado lleno de edificios de colores opacos identificados con letreros, muchos de ellos en español. Por otro lado, están las cuadras de casas multiniveles. Les llamo "antiguas" a las que tienen más de cien años, pero conservan su elegancia, y "viejas" a las que lucen arruinadas. La gente viste abrigos adquiridos en tiendas del Mega Mall, nada parecido al desfile de pieles y cachemira del *downtown*. Hay muchos inmigrantes con sus hijos nacidos acá. Son padres de ciudadanos americanos, pero de todas formas se sienten como si no pertenecieran a ningún lado.

Las primeras semanas después de llegar al barrio sentía las miradas fijas de los que me pasaban por el lado. Yo ignoraba cualquier intento de provocación, porque eso es lo que pensaba que se escondía tras cada ojeada. Después entendí que ese comportamiento era una forma de intimidar, de marcar el territorio. Nadie me había visto antes y no tenían idea de dónde venía. La desconfianza es una conducta adquirida en vecindarios como estos, llenos de pobreza y criminalidad. Casi un cincuenta por ciento de la población es hispana y la otra mitad es negra, dos de los grupos más discriminados en Estados Unidos. Ante estas circunstancias, los ánimos no promovían andar por las calles riéndose o repartiendo abrazos.

Jamás pensé mudarme a Chicago. No tanto por el frío, sino por el viento, ese ingrediente reductor de temperaturas, causante de narices rojas y córneas congeladas. Hasta los vasos sanguíneos de los ojos se constriñen y revientan causando charquitos de sangre en la mirada. Cuando llegué aquí con dos maletas y muy poca dignidad no tenía idea de cuánto tiempo sería necesario para cumplir la sentencia que me había impuesto: el castigo que merecía por todo lo ocurrido en los últimos dos años. Huía de la persona en que me había transformado. Tenía la esperanza de convertirme en algo así como un "ser humano en neutro", sin ganas de mirar atrás y pocos deseos de merodear por las posibilidades del futuro.

En todos esos detalles pensaba mientras ponchaba la tarjeta y me tomaba un café negro antes de empezar a trabajar. A media mañana uno de los meseros entró a la cocina para decirme que en el salón había un hombre preguntando por mí. Era la segunda vez que me pasaba lo mismo. Volví a pensar en Stephen. Solté la manga pastelera con la que decoraba una tarta y me limpié las manos en el delantal.

13

Abrí la puerta para llegar hasta el salón lo más rápido posible. Miré para todos lados, pero no encontré al hombre de pelo amarillo que llevaba meses esperando, sino a la única persona que jamás pensé volver a ver.

Año 2009

1

Corazón de melón amargo

Mi corazón late fuera de ritmo. Es como si en vez de un latido diera dos al mismo tiempo, uno más fuerte que el otro, pero siempre en pares. Ese parece ser el problema: la necesidad de vivir en pareja que tienen mis palpitaciones. No permiten que el compás sea suave, imperceptible, como el del resto de las personas. El doctor dice que no hay remedio. Las células de mi corazón alterado disparan impulsos eléctricos fuera de tiempo.

—Si quieres te hago una cauterización: entro con un cable y te quemo las células —me dijo el galeno—. Con anestesia, por supuesto; es como si fuera una operación. El problema es que solo tienes un cincuenta por ciento de posibilidades de curarte.

—No, gracias —le respondí. Ya bastante he hecho sufrir a este corazón inquieto con mis pésimas decisiones para ahora también exponerlo a una descarga eléctrica.

Si aquí en Chicago, donde hay más de diecisiete mil doctores y doscientos quince hospitales, no he podido encontrar una cura, ¿qué alternativas me quedan?

No debo quejarme mucho porque al menos puedo llevar una vida "normal"; los brincos en el pecho no afectan otras áreas del cuerpo. Mis cinco sentidos están intactos. También puedo moverme y pensar como cualquier otra persona que no estuviera enferma. Mi trabajo como chef de repostería no se afectó, por lo que me considero afortunada. Aunque he tenido otros empleos en distintas etapas de mi vida, por fin encontré una carrera que impulsa mis deseos de levantarme a trabajar, algo que no había tenido desde aquel primer *part time* de verano como vendedora de zapatos a los dieciocho años. Aunque por razones diferentes —antes era por la paga de los viernes al terminar la semana, ahora es porque de veras me gusta lo que hago—, siento que estoy donde debería. Espero no tener que regresar a esos puestos administrativos en los que pasé largos años. Tampoco me interesa volver a escribir literatura, aunque hubo un tiempo en que me parecía bastante entretenido.

Después de publicar dos novelas, perdí el interés por inventar historias. En la primera narré la vida de un hombre que se fue a estudiar a Francia y, para sorpresa de la familia que nunca lo imaginó capaz de enamorar a alguien, regresó con una esposa. Nicolás, así se llamaba el personaje, era un hombre insoportable. Me inspiré en mi vecino de aquellos tiempos, un profesor de Ciencias Sociales tan simpático como un perro mordiendo a un cartero. La única vez que hablé con él acerca de los problemas de iluminación de la calle dio media vuelta antes de terminar nuestra conversación y cerró el portón en mi cara. Parecía como si el tema fuera demasiado poca cosa para un graduado de la Sorbonne. Convertí a Nicolás en un desconectado social, coleccionista de mapas antiguos, delgado como un asta y grosero hasta con su madre. La francesa le pegó todos los cuernos que pudo. Esa fue mi venganza. ¡Me divertí tanto escribiendo aquellos capítulos, describiendo cómo le imploraba de rodillas a su esposita que no lo abandonara! Así descubrí el poder curativo de la ficción y su conveniencia para ayudarme a ajustar cuentas.

La segunda novela fue una historia juvenil acerca de una chica no muy bonita, sin compañero para ir al baile de graduación. En el manuscrito original ella decidía ir al *prom* sola y bien vestida, luego de ver una retransmisión de un programa de *Oprah*. Era uno de esos conversatorios en el cual los invitados habían superado obstáculos demasiado dolorosos en sus vidas, por lo que nuestra protagonista decidía que ser fea no era un impedimento para vivir. El editor me hizo cambiar la historia porque entendía que yo podía convertir el libro en algo así como un "oasis de autoayuda para adolescentes" si eliminaba el sarcasmo y el programa de Oprah Winfrey. Me habló de cómo la forma estaba excelente, muy bien estructurada y correcta en la composición de las oraciones, pero el fondo necesitaba unos ajustes para ser contundente. Insistía en que el mensaje era importante, que ese libro podía cambiar la vida de muchas jóvenes que se encontraran en la misma situación. Inspirada con la idea de hacer feliz a alguna adolescente frustrada, ajusté el contenido y terminé redactando casi un manual de boberías.

Durante ese tiempo escribía hasta la madrugada con tal de no irme a dormir a la misma hora que Alberto, mi exesposo. En realidad, era capaz de cualquier cosa con tal de no verlo. Fueron los peores años de mi vida, los más desenamorados. Creo que es la primera vez que escribo esa palabra: des-enamorado. *Des* significa *dejar de*, por lo tanto, es la descripción idónea de dejar de estar enamorado. No soy a la única a quien le ha ocurrido. ¿Cuánta gente se desenamora todos los días? Somos vasos que se llenan o vacían porque los líquidos, incluso los sólidos, se evaporan. Los átomos vuelan desde la superficie hacia el gas cercano y eso logra que el contenido vaya desapareciendo. Si algo expulsa esas moléculas, se seguirán evaporando más hasta que el líquido ya no exista. Sin embargo, si el vaso tiene tapa, se alcanza un equilibrio. Por eso los vasos cubiertos no pierden su líquido. Y en esta explicación científica de lo que llevamos por dentro, yo soy un vaso desenamorado y vacío.

2

Precalentando el horno

Se me hace difícil sentarme frente a la computadora para volver a escribir, pero descubrí que si imagino que hablo con alguien, la tarea se torna divertida. No pienso publicar de nuevo, sin embargo, en estos días encerrada en la casa no tengo mucho que hacer y, por curiosidad, abrí una página en blanco. Quería saber si persistía en mí algo de inspiración.

Comencé por la fecha: 21 de octubre de 2009.

El cursor parpadeaba en la pantalla como si estuviera esperando por mí. Tecleé mi nombre solo para sentir que llenaba el espacio con algunas palabras: Karla Rosado.

Transcurrieron varios minutos. Ni una sílaba más. Me fijé en mi apellido. Recordé las marcas de pintura que suelen vender en las ferreterías. Todas ofrecen esos cartoncitos y hojas de promoción donde muestran los colores. Cada uno está bautizado por un nombre que le asigna un empleado. Sospecho que esa debe ser su única tarea y que, para ocupar ese puesto, hay que saber un poco de poesía: verde hoja de helecho es *bohemian beauty*, pero si tiene subtonos de amarillo es *playful paradise*. Sentada frente a la computadora, con aquella página insípida mirándome, se me ocurrió un nuevo color: blanco *writer's block*. Empecé a reírme y a escribir esa anécdota de las pinturas. Se me hizo muy fácil porque pretendí que hablaba con alguien. Esa parecía ser la solución a mi "bloqueo de escritora".

No tuve que entrar muy adentro de mis archivos cerebrales porque rápido saltó la imagen de Miguel, mi novio cuando estaba en la universidad. Su cara todavía se siente fresca en la memoria.

Desde entonces, he estado contándote a ti, Miguel, lo que estoy viviendo.

No me preguntes por qué tú. Desconozco la razón por la cual todavía recurre tu nombre a mi mente. Nunca sé por qué apareces a veces en mis recuerdos, ya menos que antes, por cierto; no es que seas inolvidable como la primera comunión o un orgasmo múltiple, pero a veces se asoma algo de ti por ahí.

Miguel, ya hoy es 22 de octubre de 2009. Llevo quince días fuera del trabajo, desde que enfermé del corazón. Por eso me senté a escribir anoche después de tantos años. Cuando terminé de reírme de las tonterías sobre los colores, pensé en ti. Me detuve unos momentos recordando la mañana en que mi compañera Mayté me dio la noticia más extraña que había escuchado jamás: Alejandro Berti se había tirado al vacío desde el último balcón de Generales. Estábamos en primer año de bachillerato en la IUPI. Yo quedé muy impresionada porque apenas dos horas antes lo había visto en el salón de la clase de Sociales. Me llamó la atención que estaba demasiado callado para ser él, conocido por ser quien contestaba todas las preguntas y comentaba sobre las opiniones de los demás. Cuando te lo conté me dijiste que "Vaya forma de matarse. De seguro cuando llegó al piso todavía estaba vivo. El dolor de los huesos partidos debe haber sido bestial". Y cambiaste el tema como si nada importante se hubiera estrellado contra el cemento. Ni siquiera preguntaste cómo estaba yo, que lloraba y secaba mis lágrimas con la manga de la camisa. A veces sentía que era novia de un desencajado apático que observaba la vida desde lejos, como si vivieras en un mundo de telenovelas donde siempre te tocaba ser el galán. En cambio, la gente como yo, que no es protagonista, nos acomodamos donde nos tiren. Somos cojines de utilería que a nadie le importa si se arrugan o se manchan.

Cuando terminaba de recordar una escena relacionada a mi vida con Miguel, llegaba otra a la mente. Así estuve dos horas que me parecieron, además de entretenidas, necesarias, pues estoy empezando a olvidar todo lo ocurrido en los últimos años. Sería ideal borrar los malos momentos, porque así evitaría los arrepentimientos que me persiguen. Sin embargo, en mí funciona al revés: quiero acordarme de lo que hice para pedir perdón, a ver si así dejo de molestarme con la vida que me permitió equivocarme tantas veces.

3

Una vida sin crema de chocolate

En Puerto Rico trabajé como asistente en el Departamento de Compras de Sam´s Club, con una jefa que me caía tan mal como mi vecino Nicolás. Por suerte la trasladaron a Dallas y enviaron a un sustituto. El nuevo gerente era un americano de Wisconsin. Desde el primer día nos dejó claro a todos cuán estúpido era. Para hacerse el gracioso, empezaba cada reunión seleccionando un chiste que yo traducía al español y luego redactaba a base de la fonética: "Eer ase una ves un rrey ke teniia una ija…". Al final de la historia los empleados se reían de él a carcajadas y el muy tonto pensaba que se había convertido de repente en una estrella de la comedia. Lo llamábamos *el cabrón que me empujó al agua*, porque el primer chiste que hizo trataba de un tipo a quien empujaban a una piscina y, cuando él me lo contó, utilizó la oración *Who was the son of a bitch that pushed me into the water?* Pensé que *hijo de puta* era muy fuerte y tomé la libertad creativa de escribir "¿Kieen fue el kabroon ke me empuhoo al awa? Y así lo bautizamos. Carlos, el contable quien llamaba todas las mañanas para reportarme las ventas, me preguntaba siempre si *el cabrón que me empujó al agua* había llegado. Si yo le contestaba que no, se acercaba hasta Administración para tomarse un café. Decía que el de la máquina de su área sabía amargo.

No sé cuánto sabes acerca de la cultura de las oficinas, Miguel, pero te cuento que es muy torcida. Es como si las personas, de tanto estar sentadas detrás de un escritorio tecleando frente a la pantalla de una computadora, se creyeran que su área de trabajo es una barricada. Están amargados, sin metas, esperando las cinco de la tarde para irse a la casa a continuar con otra rutina. De todos los psicópatas que trabajaban en la empresa, el peor era el gerente de ventas, aficionado jugador de golf y chismoso acosador. Los vendedores son mentirosos como que los bebés lloran, pero este no solo se inventaba las historias; también se hacía parte de ellas. Si contaba que Dolly, la secretaria del director de operaciones, tenía un romance con el guardia de seguridad, sustentaba la historia diciendo que los había visto juntos en algún sitio. Según él, se escondía para observarlos. Entonces narraba su odisea detrás de unos zafacones mientras los vigilaba. Hasta describía el olor de la basura. Confirmé que sus historias eran falsas cuando Mayra, la recepcionista, me contó un día que él andaba diciendo que la compañía le había dado un bono por exceder la meta de ventas. La realidad es que el nuevo jefe estaba deseoso de despedirlo por su incompetencia. Aproveché lo que me contó Mayra y se lo comuniqué al americano de Wisconsin. Le dije que no se veía bien que alguien inventara lo de los bonos por trabajo porque los empleados iban a querer compensación adicional y los ingresos de la compañía estaban en picada. Me agradeció la información y bajó la cabeza para continuar enfocado en su pantalla de la computadora. A las dos semanas llegamos un lunes y encontramos que el escritorio del bochinchero de ventas estaba vacío, sin sus figuritas de adorno de jugadores de golf ni sus diminutas bolas.

Yo no era tan diferente a los descarriados de la oficina. También decía mentiras y no sentía pasión por nada. ¿Te acuerdas, Miguel, que así mismo era en la universidad? Ni siquiera me interesaba estudiar Administración de Empresas, lo hice para tener un bachillerato en cualquier cosa. Nunca deseé algo lo suficiente. Escribir tampoco me agradaba tanto, lo practiqué durante un tiempo porque había tomado unos cursos de escritura creativa y quería justificar el gasto, sentir que hice algo con el dinero invertido. Soy así para todo: demasiado práctica. En el día de San Valentín prefiero un paraguas en vez de un ramo de rosas y nunca he soportado los chocolates en cajas extravagantes. Prefiero un Snicker que causa el mismo efecto: subirme el nivel de azúcar en la sangre. Ahora soy chef de repostería y siento un compromiso parecido. Quiero recuperar la inversión que hice para estudiar en el French Pastry School y por lo menos vivir de esto, ya que nunca lo pude hacer con la escritura y a duras penas como asistente de compras. Te preguntarás por qué cambié las oficinas por los hornos, ¿verdad, Miguel? La historia completa de cómo llegué hasta aquí es un poco chocante, pero el porqué decidí estudiar repostería tiene que ver con la felicidad. Cuando era pequeña, pocas veces comía postres porque en mi casa apenas había para lo básico. Sin embargo, cuando estábamos en alguna fiesta y me servían un pedazo de bizcocho, la alegría que sentía me llenaba el corazón de crema dulce. Así ha sido desde que recuerdo: si estaba triste me consolaba con un *cheesecake*. Si me pasaba algo bueno, celebraba con un pedazo de flan.

Lo mejor fue alejarme un poco del ambiente tóxico de las oficinas, aunque las cocinas no son paraísos tampoco; la gente se pelea por el título de quién decora las tartas más bonitas o insulta al que deja el área de trabajo sin recoger. La diferencia es que aquí el olor a caramelo y a mezcla de bizcocho te mantiene un poco atontado. El beneficio marginal de la aromaterapia funciona como un calmante de mil calorías que no engorda.

Regreso al tema de la oficina, Miguel, y te cuento que trabajaba sin ningún entusiasmo por lo que hacía. Mi única motivación era el cheque que recibía cada dos semanas. En aquellos tiempos creía que realmente amaba a mi esposo y, a pesar de tener cargos de conciencia por los cuernos que le enganchaba, en el fondo siempre pensé que se los merecía.

Alberto era un hombre bueno en el mejor sentido de la palabra. *Bueno* para llevarme al hospital si me enfermaba, *bueno* para cargarme los paquetes si nos íbamos de tiendas, *bueno* para comprarme comida si tenía hambre y no quería cocinar. Pero nunca fue un buen marido. Era seco como una galleta de soda. Creo que en todos los años que estuve con él me abrazó menos de cinco veces. Para él, cualquier proyecto que se me antojara tratar era una muestra de mis "deseos reprimidos de volver a ser soltera". También llamaba a las pocas amigas que me quedaban "las masoquistas", con todo el sarcasmo que ese apodo era capaz de encerrar. Yo pasaba la mayor parte de mi tiempo con ellas porque eran mejor compañía que Alberto. A él no le gustaba el cine, salir a cenar, ir a la playa o reírse. Los primeros años de estar juntos era un poco más complaciente, pero después de casarnos le encantaba llevarme la contraria en casi todo. Él sabía que me gustaba hornear bizcochos y a todos les encontraba un defecto: "Se te fue la mano en el azúcar", "Está crudo", "Sabe a *pancake*". Aguanté durante cuatro años pensando que eso era el matrimonio: soportar. No tenía marcos de referencia; mamá se divorció de mi papá cuando yo tenía cuatro años. La mayoría de los matrimonios que conocía se portaban de maravilla —al menos en público—. Como nosotros hacíamos lo mismo, entendí que estaba funcionando a la altura de las circunstancias.

4

Soy un helado que se derrite

A los tres meses de haber llegado el jefe desde Wisconsin, apareció una oferta de empleo en un
hospital de la zona metro y la acepté. Estaba aburrida y el trabajo en el Departamento de Compras ya
no representaba ningún reto para mí. El director del
centro médico era un sesentón tan expresivo como
una pared de ladrillos. Eso me dio la tranquilidad de
saber que sería imposible enredarme románticamen-
te con él. Cuando tengo un hombre guapo delante,
mi personalidad se altera. El tono de voz que me sale
de la garganta se escucha más suave y hago un énfasis
superior por pronunciar con corrección hasta las *s*
que de ordinario me trago como buena puertorique-
ña. La amabilidad me delata; los que me conocen
saben que no soy de ayudar a nadie, pero cuando estoy en plan de seducción me ofrezco hasta para conseguir citas con doctores. Después me paso el día en
el teléfono tratando de convencer a las secretarias de
que fulano necesita una visita de emergencia y que
estoy dispuesta a llamar cada día hasta que surja una
cancelación. Así fue que logré hacerme indispensa-
ble para un jefe que luego fue mi amante y después
se convirtió en un estorbo. Soy adicta a sentirme ne-

cesitada, a que me elogien, a que me deseen. Pero nunca mantengo un trato muy cercano con ninguno de esos romances satelitales. Mis afectos eran periféricos, procuraba no acercarme demasiado.

Como sabes, Miguel, ni siquiera tengo una relación cercana con mi madre. No es culpa de ella, soy yo quien no puede crear vínculos saludables con nadie. Eso del alma gemela, el yin y el yang, uña y mugre no va conmigo. Desde pequeña fui introvertida y de poco hablar, tampoco causé problemas que ocasionaran interrogatorios maternos buscando razones. Una debe portarse mal cuando está creciendo para fomentar la comunicación con los padres, es de las mejores formas de obligarlos a conversar. Mami es la mujer más devota de la humanidad. Siempre está dispuesta a ayudar a quien necesite. Cuando tenía apenas seis años me molestaba su eterna amabilidad. Ahora pienso que esa es la forma correcta de portarse, que las personas deberíamos ser así, pero no puedo. Por más que trato, no prospera en mi pecho el deseo de hacerle café a nadie y, aparte de tía Jacoba, mi primo, su novia y mi amiga Drinia, a los demás vecinos apenas los conozco. Sigo con la costumbre de no hablar con la gente. Allá en Puerto Rico quizás era un poco más sociable y a veces le hacía un favor a alguien, en cambio acá en Chicago escasamente digo lo mínimo para que no se note la raíz de mi acento.

A pesar de todo, mami es la única persona con la que jamás he peleado ni discutido. Hubiese dado cualquier cosa por ser como ella, por tener su carácter dócil y bondadoso, y no haberme convertido en este exceso de negativismo ni cargar un corazón que, además de latir fuera de ritmo, tiene arrugas pequeñitas por donde se cuelan sentimientos mezquinos.

Regresando al tema del nuevo jefe, su aspecto poco atractivo me salvó de caer en la tentación de coquetearle y, por unos meses, estuve tranquila. Hasta aquel maldito día en que, por culpa de un aviso del huracán Berta, conocí al director de seguridad del hospital. El fenómeno nunca llegó, se desvió no sé cuántas millas al Sur de la isla y pasó lejos de la costa, pero los dos días que trabajé con él fueron suficientes para desempolvar el camino que conocía de memoria. A mí la lluvia y los truenos me llegaron en el cuerpo de un ingeniero de tez blanca caribeña, de esas que a pesar de ser claras no se ponen rojas debajo del sol sino que se broncean. Tenía el cuerpo bien formado, las manos de santo y una forma de hablar pausada, como si tuviera todo el día para enseñarte, por ejemplo, a colocar cinta adhesiva en las ventanas de cristal.

—La pones en forma diagonal, como si fuera una equis, así cuando el viento exceda cientocincuenta y cinco millas por hora se mantienen en su sitio. Al otro día no hay que recoger vidrios por toda la oficina, ni existe riesgo de que te cortes, ¿me entendiste, Karla?

Maldigo la hora en que apareció por la oficina, pero más maldigo la hora en que me fijé en todos sus atributos. Esa tarde llegué a casa y pensé en la amenaza que se acercaba, reconocía el riesgo y lo consideraba peor que el huracán. Culpé a mi marido, por su falta de pasión e interés en mí. Ahora observo la trayectoria de mis aventuras durante esos años y me pregunto si, en el fondo, el problema fue ese gusto insano que tenía por sentir cosquillas en el estómago. Era devota de las emociones extremas, como alguna gente lo es a saltar de puentes sujetados por una cuerda y otras a carreras de autos. Deseaba reflejar ondas en el electrocardiograma de mi vida, no solo una línea recta como las de los corazones muertos. En medio del luto por un matrimonio desahuciado, necesitaba que llegara alguien con un compresor a apretarme el pecho a ver si podía resucitarme.

Bien lo dijo María Elena en *Vicky, Cristina, Barcelona*: "*Only unfulfilled love can be romantic*". Por eso los matrimonios se gastan a medida que transcurren los años y tanta gente no puede resistir la tentación de tener un romance en la calle sin medir las consecuencias. Saber que una puede tener sexo en cualquier momento porque su cónyuge está presente, aunque no necesariamente disponible, es como tener que lavar ropa y dejarlo para después porque la lavadora no se va a mover de sitio. No hay urgencia, eso es lo que falta entre los esposos, pero les sobra a los amantes. Por eso, a pesar de que no llegó el huracán que nos dejaría sin energía eléctrica por meses, y desapareció la nefasta posibilidad de hacer filas de cinco horas para comprar una bolsa de hielo, en mi vida, de todas formas, el daño ya estaba hecho.

5

Otra dulce tentación

El romance con Víctor, el director de seguridad, llegó en un momento en el que mis inhibiciones parecían estar mudando el pellejo. No habían pasado dos semanas cuando ya sabía que ese hombre era una buena pesca y, aunque yo no estaba tirando gusanos al agua a ver qué agarraba, una vez lo vi, no pude evitarlo. Anticipaba que me esperaban unos meses de diversión, de sentirme de nuevo como cuando te conocí en la IUPI, Miguel. ¿Te acuerdas? La primera vez que te vi en el curso de Humanidades fue suficiente para desear que te fijaras en mí. Me compraba una camisa nueva todas las tardes en alguna tienda del Paseo de Diego, para que en la próxima clase me vieras arreglada y bonita. Me reía de cualquier cosa que dijeras y hablaba con ese tono suave que ahora que lo vuelvo a recordar me doy cuenta de lo falso que sonaba. Me excitaba esa motivación de tener a alguien para quien maquillarme o comprar perfumes pensando en cuál podría gustarle.

Debo confesar que de inmediato tuve intenciones de enredarme con Víctor, pero no imaginaba que la aventura llegaría tan lejos.

Cuando se acabó la histeria por el susto del huracán que nunca nos visitó, los empleados de Administración regresamos a la oficina. El resto del personal del hospital no recesó porque las enfermeras y los doctores debían quedarse en la sala de emergencias durante una catástrofe. Los primeros tres días los pasé esperando que por alguna de las puertas del departamento entrara otra vez Víctor, el director de seguridad. Pero no se asomó hasta el lunes de la semana siguiente, cuando ya había perdido la esperanza de verlo. Estuve a punto de bajar al sótano del edificio, donde estaba su oficina, e inventar una excusa para reunirme con él.

Pero no hizo falta. Él llegó hasta mi escritorio para preguntarme si la poca lluvia que provocó el aviso de huracán había causado algún daño.

—No hay nada que reportar, Víctor —le dije muy amable.

Me hizo varias preguntas y pidió que le mostrara la oficina del jefe para verificarla. Como el Sr. Jiménez no se encontraba esa tarde, entré con él y estuvimos allí casi quince minutos, mientras él miraba cada una de las ventanas y el techo y los cuadros y cuanta cosa se le ocurrió. Yo sabía que aquella visita no era de trabajo, porque me miraba directo a los ojos cada vez que hablaba. Era como si, con ese gesto, quisiera decirme algo que con palabras no se atrevía. También se reía de mis comentarios tontos; esa es la señal más clara que da un hombre cuando está idiotizado por una mujer. En su mano izquierda llevaba un aro. Pensé que esas argollas en nuestros dedos serían disuasivos suficientes para ambos, pero fue lo contrario; nos convirtieron en miembros de la hermandad secreta de los matrimonios infelices. Más adelante, cuando resbalamos por la cuneta de la tentación, nos dividimos los cargos de conciencia como un sicario comparte la culpa con el mafioso que lo contrató.

Después de aquella tarde de verificar los daños inexistentes en el techo, quedamos para encontrarnos en la cafetería al otro día. Siempre llevaba almuerzo de mi casa para evitar bajar a comer a un sitio tan ruidoso y con un fuerte olor a sazón, pero comencé a visitar el lugar para vernos ahí. Escondía la comida que traía de la casa, y luego la botaba antes de regresar por la tarde. Llegaba primero y me sentaba en la misma esquina. A los quince minutos aparecía él y se ubicaba a mi lado con cualquier sándwich que compraba y un café grande con crema batida. Después de tres semanas de la misma rutina comencé a preguntarme a dónde llegaríamos. Mis experiencias anteriores me habían enseñado que si apretaba el limón salía jugo, así que decidí tomar la iniciativa. Víctor se mostraba muy cándido en sus comentarios y, cuando se despedía, decía cosas como "Que tengas buen día" y "Que Dios te bendiga". Estaba empezando a perder la paciencia. Lo que me hizo quitar los pudores fue la tarde que visitó la oficina para preguntarme por los manuales de seguridad del Departamento de Administración y después de hacer el inventario conversamos de nuestros planes para el retiro.

—Eso no me quita el sueño, ni siquiera estoy segura de cuántos años viviré. Ahorro sin obsesionarme —le dije.

Él preguntó si yo dormía bien o tenía problemas de insomnio y le contesté que dormía tranquila; no como un bebé, pero descansaba.

—Te imagino dormida, abrazada a tus sueños y a tus ilusiones.

Yo lo miré con cara de burla antes de contestarle que a mi edad, si una mujer duerme abrazada a "sueños" e "ilusiones", la vida le va bastante mal, porque después de los treinta una duerme abrazada a un hombre o a la almohada. Le pregunté si él era así de inocente o me estaba tomando el pelo.

—Si cuando te imaginas a una mujer durmiendo no la ves con una bata de encajes, acomodada entre sabanitas de seda, te hace falta vivir un poco.

La mirada de Víctor se transformó en ese momento. Sonrió y dijo:

—Yo te respeto, nosotros somos casados y no me atrevo a hacer comentarios como esos.

—No te preocupes porque —ahí demostré lo dañado que estaba ya mi recato— de mi situación me encargo yo. Si tú dejas de ser respetuoso y te atreves a imaginarte otras cosas más divertidas…

En esa conversación nos dieron las cinco de la tarde. Tomé la cartera y me fui de la oficina. Él caminó detrás de mí hasta llegar al estacionamiento. Allí nos despedimos y cada quien se fue para su casa. No pensé más en el asunto porque consideré que todo estaba perdido. A los dos días, Víctor me invitó a almorzar, pero sugirió salir de la oficina, que nos fuéramos al restaurante de un amigo suyo cerca del hospital.

Ay, Miguel, lo que viví después, aunque ahora me causa hasta un poco de risa, fue una de las razones que provocaron mi salida del país y todavía no me atrevo a regresar.

6

Sin harina ni azúcar

Por fin llegó el 1 de noviembre, el día de mi cita con el médico para que evalúe mis latidos. Otra vez me ordenó descanso. Llevo tres semanas fuera de mi trabajo y ahora me acaban de dar un certificado para que no vuelva por los próximos catorce días.

—El estrés no te hace bien —dijo el Dr. Mallony.

Además, tengo la hemoglobina en ocho.

Regresé a casa caminando bajo una temperatura de cuarenta grados y un viento que me penetraba hasta sentirlo en los huesos de la cara. Todo estaba más o menos igual en el *downtown*. El único cambio notable era que ya se veían algunas decoraciones típicas de las fiestas de Acción de Gracias, especialmente en las tiendas de cadenas estadounidenses. Los comercios latinos de Humboldt Park mostraban a través de todo el año banderas de México o Puerto Rico, y letreros en español.

La primera semana de descanso fue la más difícil porque llevaba demasiado tiempo sin tomar un receso. De repente me encontré con que el no hacer nada me causaba ansiedad. A veces lo que parece más fácil se complica. Me levantaba por las mañanas sintiendo las manos tan vacías de harina y azúcar que me sentaba a llorar. No a gritos como un bebé cuando le ponen las vacunas, pero me salían algunas lágrimas, sobre todo al pensar que podía quedarme en este estado por el resto de la vida. Volvía a repasar en la mente la rutina de ir de la casa al trabajo y hacer paradas en el supermercado, tomar el tren y el autobús. En alguno de esos momentos, a mediados del mes de septiembre, toqué algo, o a alguien, que estaba enfermo con el virus de la influenza porcina. El 22 de septiembre comenzaron los síntomas. Primero fue una debilidad extraña, y un dolor en el cuerpo que me dificultaba caminar. Al otro día, tenía tos y la nariz congestionada. Supuse que por lo menos era un catarro. Todavía duraba la histeria por el descubrimiento del "virus de los cerditos" y si tenía fiebre podía estar en apuros. Fui a la clínica del Dr. Suárez en Humboldt Park, el médico que siempre me atiende acá en Chicago. Ya la calentura estaba en ciento dos grados y por los otros síntomas que mostraba tenía que tratarme como un paciente con influenza. No recuerdo nada de lo que dijo después porque a los pocos segundos me desmayé.

Desperté en una camilla de la clínica luego de que casi me intoxicaran con el olor a alcohol de un algodón a punto de insertarse por completo en mi nariz. Vi a la enfermera preparando una bolsa de suero y al Dr. Suárez tomándome el pulso. Había una máquina desde donde salía un cable largo con un aditamento que me pinchaba el dedo. Junto con el suero, me inyectaron un medicamento para el dolor y no sé qué otras cosas, porque no tenía ganas de preguntar, solo quería saber por qué me había desmayado. El doctor me explicó que debió haber sido por falta de oxígeno en el cerebro. Yo había visto en televisión que eso podía causar un daño irreversible. Empecé a contar del uno al cien en silencio, luego recité el abecedario en inglés y español. Traté de hacer un inventario de todos los recuerdos de mi vida, desde la escuela elemental hasta mis acciones de ese mismo día, y recordaba todo, incluso lo que hubiese preferido que bajara por las mismas venas por donde el oxígeno que no subió al cerebro había dejado su espacio y desapareciera por alguna parte del cuerpo. Aparentemente no tenía daño cerebral según mi prognosis, pero lo que ni el Dr. Suárez ni las enfermeras ni yo sabíamos en ese momento era que el virus H1N1 podía causar daños severos al corazón.

Cuando la enfermera terminó de acomodarme la aguja del suero preguntó a quién se podía notificar para que viniera a buscarme. Me quedé pensativa. La única alternativa era tía Jacoba. Ella había sido la razón por la que había optado por venir a Chicago. Sabía que me recibiría en su casa mientras conseguía trabajo y dónde vivir. Yo era una de sus sobrinas más queridas, no por mérito propio sino porque adoraba a mami, su hermana mayor. Pasé algunos veranos con ella en mi niñez. Esas eran las mejores semanas del año porque me llevaba a caminar por los parques, a los museos y a mirar el Lago Michigan que yo confundía con el océano. Nunca quise visitarla en invierno porque no quería pasar por la tortura de las temperaturas bajo cero; odiaba los climas fríos y la nieve. Le di el número de teléfono a la enfermera para que la llamara sin asustarla. Se retiró de la habitación y me quedé sola. Pensé en aquel momento, cuatro años atrás, cuando decidí mudarme a este lugar a sufrir con el clima, la soledad de no tener a la familia cerca y el discrimen contra los hispanos. Quería castigarme para tratar de evitar el karma o la ira del dios que sacó a los mercaderes del templo. Si yo misma me causaba sufrimiento, me liberaría de cualquier penitencia que quisiera imponerme la vida. Temía a una venganza del destino al estilo "el que aquí la hace aquí la paga" y pensé que hacía bien en darle una ayuda.

Trece días después de aquel desmayo, desperté en mi apartamento con un corazón que daba brincos difíciles de describir.

—Es como si tuviera un globo en el pecho que se infla y se desinfla —le dije al Dr. Suárez, pero él nunca había escuchado algo así.

Me refirió al Dr. Mallory, un cardiólogo del Hospital Saint Mary de la calle Division, que me dio una cita para el siguiente día. Mi vecina Drinia ofreció acompañarme. Cuando llegamos, a menos de 24 horas de haber visitado a mi médico de cabecera, ya mi corazón se portaba de una forma anormal; los brincos ocurrían en intervalos de tiempo, como las contracciones de las mujeres embarazadas, y provocaban una tos que no me dejaba hablar. El Dr. Mallory me puso el estetoscopio en el pecho por varios segundos y de inmediato me diagnosticó: miocarditis viral, causada por la influenza H1N1.

—Usted se va a hacer ahora mismo estos análisis, se toma los medicamentos y no puede volver a trabajar por las próximas tres semanas. Y le recomiendo que no salga de su casa.

Eso fue el 7 de octubre; la orden médica me prohibía trabajar durante la semana del día de las brujas, lo cual provocaría brincos tipo Cirque du Soleil, pero en el corazón de mi jefe.

—No te preocupes, yo me encargo de llamar a Sigfredo y explicarle todo —dijo Drinia.

Una enfermera trajo una silla de ruedas y me llevó a hacerme un electrocardiograma. Luego me pusieron una cartera cruzada que se llama Holter y sirve para medir los latidos; debía devolverlo al día siguiente cuando la máquina hubiese registrado el comportamiento de mi corazón. Al terminar, Drinia me acompañó de regreso. Llamó a Sigfredo para contarle mi peligroso cuadro clínico. Desde el 23 de septiembre había estado ausente y ahora el médico ordenaba tres semanas más, pero prometí que, para las fiestas de Acción de Gracias, estaría de vuelta. Le dije que inventaría una receta con toques latinos para el *pie* de calabaza. Sigfredo se conmovió un poco con las exageraciones de mi amiga y accedió pagarme el sueldo como si estuviera trabajando. Tan pronto enganchó el teléfono, Drinia volvió a insinuar, como era su costumbre, que el jefe estaba enamorado de mí.

—No sé por qué dices eso. ¿Acaso no puede ser simplemente que soy una empleada ejemplar, una excelente chef de repostería y, además, la única que no se burla de su acento marcado cuando habla inglés? —repliqué.

Sigfredo había cruzado la frontera junto a sus padres a mediados de los setenta con tan solo cinco años. Recordaba vagamente haber dormido en un desierto y a su madre despierta toda la noche espantándole las hormigas porque es alérgico y no tenían medicamentos para combatir una reacción en semejante lugar. En la única maleta que traían apenas cabían los documentos importantes, algo de ropa y la Biblia. El viaje duró dos días hasta que llegaron a un camino de fango donde los recogió una van que los llevó a Arizona. La primera vez que escuché a mi jefe contar esa historia fue en un salón de la escuela elemental de Logan Square, cuando lo invitaron a uno de esos *Career Days*. Tuve que acompañarlo porque quiso llevarles bizcochos a los chicos y mi papel por ese día fue de asistente, repartidora de *cupcakes* y *cheer-*

leader. A él no le sale bien eso de hablar en público, pero con mi ayuda, al presentarlo como un importante empresario del *downtown*, se creyó el cuento de que tenía una aportación valiosa que ofrecer a la vida de los niños latinos que conformaban la audiencia.

Su familia todavía vive en Arizona, pero él se mudó a Chicago luego de divorciarse de la americana con la que se casó por amor, dice él, y a la cual lo único que le agradece es haberlo sacado de la ilegalidad. Aquí trabajó en restaurantes por un tiempo y aprendió lo más que pudo del área de postres. Con el dinero que obtuvo de la venta de su casa luego del divorcio, decidió abrir una repostería con servicio de café, donde yo trabajo desde que me gradué del French Pastry School.

Drinia se comprometió a visitarme todos los días. Tan pronto se fue, me senté frente a la computadora a buscar información acerca de mi enfermedad. Encontré páginas dedicadas a dramatizar las muertes súbitas que provoca, y me asusté. Apagué la pantalla antes de acostarme. Si el doctor ordenó descanso, eso haría. Tuve mucho miedo de morir lejos de mi familia, pero no quise llamar a nadie. Pensé en la condena que me había impuesto al mudarme a Chicago, en todos los inviernos bajo cero que me congelaron hasta los recuerdos de la infancia. He soportado tantas miserias convencida de que estaba ayudando a mi karma. De repente me encontré ahí, enferma del corazón y en riesgo de una muerte repentina. Comprendí por fin cómo funcionan las cosas: la vida no me dio el castigo que quise imponerme, sino el que me tocaba.

Después de la primera semana fui tomándole el gusto a las vacaciones forzadas. Pasaba el día viendo televisión y comiendo de lo que me traía Drinia, tía Jacoba o lo que yo misma cocinaba sin hacer mucho esfuerzo. Hasta el ánimo mejoró y los brincos del corazón se calmaron bastante con los medicamentos. Poco a poco hice las paces con el descanso y dejé de sentirme culpable por faltar al trabajo. Me tiré sin contemplaciones por la chorrera de la comodidad y, aunque seguía asustada por la posibilidad de morirme un día cualquiera, logré bloquear los malos pensamientos. Durante mi recuperación se me ocurrió sentarme a escribir de nuevo, algo que no había hecho en más de cinco años, y por eso me entretengo contándote cosas de mi vida pasada, Miguel.

7

Golosa

Insisto: a veces la gente buena hace cosas malas. Esta vez no lo digo por mí, Miguel, sino por Víctor. Todavía lo recuerdo como un hombre de bien a quien, por mi culpa, se le complicó la vida.

Durante el almuerzo en el restaurante del amigo, Víctor y yo conversamos acerca de tonterías por los primeros diez o quince minutos. Cuando llegó la comida lo noté más relajado, y en varias ocasiones me rozó el brazo.

—¿Por qué me invitaste a almorzar fuera de la oficina?

—Quiero que hablemos de lo que dijiste el otro día sobre estar juntos. Nunca le he sido infiel a mi esposa —me contó.

—No te preocupes, la primera vez es la más incómoda, pero luego te acostumbras. No tenemos que tener una relación, sino quizás compartir un poco para apagar este deseo.

Víctor entendió el plan perfectamente. Me pidió que nos viéramos sábado o domingo. Comenté que sería ideal porque mi marido se iría a México para participar en un adiestramiento. Antes de que llegara el postre ya tenía lista la agenda de todo el fin de semana y hasta le escribí en un papel lo que debía decirle a su esposa.

Reservé un hotel en San Juan de viernes a sábado. El plan consistía en registrarnos después de salir de trabajar el viernes, irnos cada cual para su casa y volver el sábado a las siete de la mañana.

—¿Sientes cargos de conciencia? —preguntó mi nuevo amante cuando estábamos acostados en la cama, cada quien en su lado, después de habernos arrastrado por las cuatro esquinas de la habitación.

—La primera vez es la más difícil —contesté—, después te acostumbras y hasta te gusta la sensación. Es como una travesura.

—¿O sea que ya tú le has sido infiel a tu marido?

—Sí

Pensé responder que no, pero se me escapó la afirmación antes de razonar.

—¿Con quién?

—No creo que eso te deba importar.

—¿Por las mismas razones que estás conmigo?

No supe qué decir. En ese momento entendí que desconocía los motivos reales de mi comportamiento. Pero pensé que no era importante tener un diálogo sobre ese tema con Víctor. Conversaciones acerca de las emociones crean vínculos y no me interesaba generar ese tipo de relación con él. No era el primero y tampoco sería el último con quien me acostaba solo para divertirme. Al cabo de un tiempo, cuando ya no sintiera excitación cada vez que pensara en él, cortaría la "camaradería" y seríamos de nuevo solo compañeros de trabajo. Puedo pasar de un estado a otro sin que me afecte. Ya lo he hecho otras veces. Ahora soy yo la que se desencanta primero. Me pregunto qué pasaría si alguna vez me intereso en alguien que, de un día para otro, se aburre de mí. ¿Me afectaría al punto de que andaría por ahí llorando? No sé, y ojalá nunca me ocurra, aunque creo que reaccionaría diferente a esta edad que tengo ahora. ¿Te acuerdas cuánto lloré cuando me dejaste, Miguel? Yo tenía veinticinco años y pensé que nunca volvería a querer a nadie más.

Tras la pregunta de Víctor, me dieron ganas de levantarme, recoger la ropa, salir corriendo y desaparecer. Tuve que aplacar el deseo de empujarlo hasta que se cayera de la cama para no tener que ver aquel cuerpo a mi lado por más tiempo del necesario.

Después de esa mañana de sexo y confesiones, seguíamos viéndonos en la oficina, salíamos a almorzar y nos estacionábamos en cualquier calle solitaria para besarnos por unos minutos antes de regresar al trabajo. Llevábamos dos semanas juntos desde la primera vez en el hotel y hubiésemos seguido con la agenda cargada para vernos clandestinamente si no hubiese sido porque el viaje a México que hizo Alberto nos cambió la vida a todos.

8

Mentiras, filosofías de vida y el orgullo de ser un *friand* de cerezas

Alguna vez en la vida fui muy feliz. Debe haber sido más o menos hasta los seis años. Después de esa edad es imposible volver a estar "indestructiblemente contento" porque ya aprendes que te faltan cosas y esa es la raíz de la infelicidad: descubrir que no tienes lo que deseas. Por eso los padres quieren tanto a los hijos, porque los conocen cuando son bebés y todavía son perfectos, no han desarrollado la personalidad y esconden naturalmente los vicios de construcción. Los padres no saben si están ante un ser humano cínico, calculador, envidioso o infiel. Si naciéramos adolescentes o ancianos, como Benjamín Button, y con nuestra personalidad ya formada, el amor de nuestros padres sería condicionado.

Me faltó un padre que me acompañara; también una Barbie. Ambas noticias llegaron el mismo día. Le pregunté a mi madre por qué todas las niñas tenían esas muñecas y ella contestó que Santa Claus se las trae si se portan bien.

—Yo me porto bien, mamá.

—Sí, pero el año pasado la cartita que preparamos no le llegó al Polo Norte porque tu papá olvidó echarla al buzón. Este año yo me encargo y vas a ver que la Barbie te llega a tiempo.

—¿Por qué papi no está aquí?

—Se fue, ya no va a vivir más con nosotros.

No me interesó mucho lo que dijo de mi papá y resolví eliminarlo de mis preocupaciones en ese momento, pero la certeza de que esa Navidad tendría una Barbie puso una gran sonrisa en mi rostro. Pensaba que no volver a ver a papi no era tan malo como carecer de la famosa muñeca flaca de Mattel, y hoy, treinta y nueve años después de aquella tarde, todavía pienso igual.

Lo bueno de crecer en una casa con dos hermanas, un hermano y una mamá, es que no extrañas a nadie. Cuando los hogares están llenos de objetos y voces constantes, el tiempo para pensar es limitado y el de sentir no existe. Mi mamá nos mantenía ocupados todo el tiempo para evitar que nuestras mentes sacaran conclusiones acerca de la composición diferente de nuestra familia. Pero un día, la maestra de inglés de tercer grado me preguntó delante de los compañeros por mi papá.

—No sé —contesté.

Continuó con sus indagaciones porque, según ella, en mis documentos de no recuerdo qué cosa demográfica aparecía que yo vivía con mis padres.

—No lo he visto desde hace varios años —le repetí.

Ella hizo un gesto de contrariedad pues tendría que pasar por la molestia de enmendar la hoja de registro. Me quedé con la impresión de que no saber dónde está el papá es malo y la gente se molesta, por eso decidí inventarme otra contestación. Así fue como creé a un papá residente de Nueva York porque una vez mami me dijo que ellos se conocieron cuando él regresó a la Isla, luego de trabajar un tiempo en una fábrica en el Bronx. ¿Te acuerdas, Miguel, cuando me preguntaste por mi padre y te hice ese mismo cuento? Luego me arrepentí porque seguiste curioseando sobre qué parte de Nueva York. Habías vivido con tus tíos en esa ciudad y tuve miedo de decir algo que me delatara. Nada baja más el puntaje en la escala de nuestra valoración de otra persona que descubrir por primera vez que nos ha dicho una mentira. Estuviste a punto de desvestirme de los parchos que le había puesto a mi joven existencia. Apenas tenía diecinueve años y ya se mostraba mi inclinación a mentir para ocultar quien de verdad soy.

A papi nunca lo he vuelto a ver; una de sus hermanas se encontró con mi abuela en un velorio y le contó que "el muy irresponsable" se había escapado a Boston y ellos tampoco tenían contacto con él.

Sería ridículo culpar de mi personalidad a la ausencia de un padre, porque en los años más problemáticos de la vida, esa época rebelde de la adolescencia cuando empezamos a demostrar los daños emocionales causados por las carencias, fui la mejor hija que pudo tener mi madre. Ella siempre me utilizaba de ejemplo ante mis otros hermanos sin sospechar que la razón por la que me portaba bien era porque no sabía portarme mal. A esa edad no tenía la malicia que me sobra ahora. Con mi ejemplo puedo confirmar las teorías acerca de la modificación de conducta y añadir que, así como la gente cambia para bien, también cambia para mal. Después de todo lo que he vivido no creo poder regresar a ser lo que fui.

Acá en Chicago conocí a un hombre que intentó "salvarme". Fue un profesor de la clase de Repostería Francesa, deseoso de tener conmigo una relación de poder. No le permití ni engrasar el molde. Según él, ese comportamiento que yo demostraba en las clases me convertía en mi peor enemiga.

—Te pasas corrigiendo a todos cada vez que hacen algo mal. Tampoco tienes tacto cuando criticas los trabajos de tus compañeros. Sin embargo, hay una belleza espléndida en la creación de tus postres. Déjame escarbar dentro de tu alma hasta encontrar lo mejor de ti —me dijo una noche durante una caminata por Grant Park.

—No se puede cambiar algo que ya está cambiado, profesor. Yo encontré mi lugar en el pentagrama de las notas discordantes, así que ahórrese el esfuerzo porque hasta la música necesita de silencios.

Después de esa noche no volvió a tocar el tema y nunca más intentó insinuarse como el Jesucristo de mi existencia. En ocasiones me saludaba con un semblante de nostalgia cuando lo encontraba en algún pasillo, como si a pesar de todo aún sintiera deseos de conquistarme. Lo notaba en su tono pausado, su amabilidad y la forma de mirarme como si yo fuera un exquisito *friand* de cerezas en una vitrina y él no tuviera dinero para comprarlo. Pero así es la vida, Miguel, siempre termino decepcionando a quien me quiere. Hacer daño es un mal necesario en mi vida.

Mi rodar cuesta abajo tuvo una gran influencia de mi marido, a quien acuso de no haberme querido, de hacerme desear demasiado ese cariño que no recibía. Alberto nunca sospechó nada, aunque no le importaba mucho lo que yo hiciera. Pasaba la mayor parte del tiempo trabajando o fuera del país en algún viaje de adiestramiento. No me importaba quedarme sola en la casa, al contrario, cada vez prefería más que llegara tarde, cuando estaba dormida, o se fuera los fines de semana a ofrecer seminarios de finanzas en cualquier parte de Puerto Rico. Me entretenía leyendo cualquier cosa, desde libros de filosofía hasta revistas faranduleras con fotos de hermosas celebridades en la portada. Para ese entonces tenía treinta y dos años, así que el tiempo de que esas fotos no me causaran envidia se estaba acabando. ¿Qué me quedaría cuando mi físico ya no me hiciera feliz? Solo tenía los recuerdos de mis aventuras extramaritales. No había viajado ni vivido emociones extraordinarias en otros países. Llegarían los momentos en que mirar tanta belleza me provocaría rabia y no podría consolarme diciendo que cada arruga y cada pelo gris en la cabeza estaban allí como símbolos de mi gran vida, y de todas las batallas que peleé.

9

Cuando las galletas se queman, el bizcocho queda crudo y la masa se desmorona

Alberto llegó de México con una gastroenteritis crónica. A duras penas pudo montarse en el avión. Me ausenté del trabajo los dos últimos días de la semana para cuidarlo, cocinarle sopas y atenderlo como debe hacer una esposa. Durante esos momentos entendí lo deteriorada que estaba nuestra relación. En el fondo me importaba poco cómo se sentía Alberto; le brindé todos esos cuidados porque tenía miedo de que, si me portaba de una forma diferente, sospechara que tenía un amante.

En el fin de semana su salud fue mejorando, por lo que el lunes estuve de vuelta en la oficina con el mismo entusiasmo por Víctor. Cuando el jefe se fue de vacaciones, mi nuevo amante y yo aprovechamos para encerrarnos en su oficina a besarnos, aunque fuera por cinco o diez minutos, nunca más de eso para no levantar sospechas. Era un asunto simplemente carnal; en ningún momento pensé en quedarme el resto de mi vida con él o cometer una locura como las mujeres que abandonan todo cuando aparece un hombre que les interesa. Sabía que ese romance no duraría mucho.

Planifiqué con Víctor escaparnos otro fin de semana. Tendríamos que esperar unos cuantos días porque Alberto estaba a punto de recibir la confirmación de un viaje a Venezuela. Yo pasaba las tardes en la oficina navegando por los portales de turismo de Puerto Rico buscando alternativas de hoteles o paradores, lejos del área metropolitana, a donde pudiéramos irnos. Lo difícil sería ver cómo Víctor convencería a su esposa de que estaba en misiones del trabajo, pero sabía que se me ocurriría algo. Era la oportunidad de tener sexo otra vez, aunque anticipaba que estaba cerca el final. Había algo en el aire, una cierta sensación de que el nivel de excitación cuando lo veía iba en picada. Quizás estaría con él un par de veces más y luego inventaría una excusa para ir cortando poco a poco. Le diría algo como que me estaban empezando los síntomas de una menopausia precoz, que no soportaba los sofocones y que me había desaparecido el deseo sexual.

Los primeros dos días de la semana, Víctor me llamó a cada hora para preguntarme si tenía confirmación de Alberto acerca del viaje. Le contesté que no, pero le pedí que no se preocupara porque me inventaría algo para echarle la culpa al trabajo por mi ausencia de la casa un sábado en la mañana. Nos iríamos, por lo menos, unas cuantas horas. Víctor estuvo de acuerdo, hasta le agradó más ese plan, porque así no le inventaría a su esposa una mentira para desaparecer por dos días. Ahora, con una excusa que le permitiera estar fuera por poco tiempo, sería suficiente. El miércoles de la siguiente semana, a las dos de la tarde, recibí una llamada de Alberto diciéndome que no había podido confirmar su viaje porque tenía problemas para mover el pie izquierdo.

—Debiste haberme llamado antes —le recriminé.

—Pensé que se me pasaría —contestó.

Me pidió que lo llevara al médico. Salí corriendo de la oficina para buscarlo y fuimos a ver al Dr. Meléndez. Cuando llegamos, ya Alberto tenía la mayor parte del cuerpo paralizado. No sabíamos qué estaba pasando. Según mi marido, sentía como si un montón de agujas estuvieran perforándole la piel, le temblaban las manos y le dolía la cabeza. El doctor Meléndez lo hizo pasar de inmediato. A los cinco minutos ya estaba pidiendo una ambulancia para enviarlo a la sala de emergencias del hospital. Sentí un pánico horrible, lo peor era ver cómo Alberto se deterioraba sin poder hacer nada. Entre las explicaciones que escuché había unas palabras nuevas para mí: *síndrome de Guillain Barré. Autoinmune. Gravedad.* Al llegar la ambulancia, los paramédicos entraron a la oficina a buscar a Alberto y se lo llevaron. Los seguí en mi auto y por el camino creí que eso no me estaba pasando, fue como si viera a una persona que no era yo en medio de una tragedia. Cuando llegué a la sala de emergencia, ya los paramédicos habían acomodado a Alberto en un pasillo. Le pusieron oxígeno.

—¿Por qué hacen eso si él está respirando bien?

—En unas cuantas horas su marido podría enfrenar problemas con los pulmones.

En ese momento entró un empleado a dirigirme hacia el mostrador para llenar unos papeles. Al terminar de firmar los documentos, que ni siquiera me molesté en leer, y de mostrar las tarjetas del plan de salud, regresé al pasillo donde ya Alberto no estaba. Se lo habían llevado para la Unidad de Cuidado Intensivo. Esperé casi una hora hasta que apareció una doctora que me explicó en detalle el cuadro clínico.

El síndrome de Guillain Barré es una enfermedad autoinmune. Las defensas del cuerpo atacan por error el sistema nervioso, los nervios se inflaman y los órganos se paralizan. La doctora me dijo que lo someterían a un tratamiento para sacarle la sangre, extraer los anticuerpos y retornarla al torrente. Alberto debía permanecer donde estaba por lo menos una semana y luego, dependiendo de cómo reaccionara, el periodo de hospitalización podría durar dos semanas adicionales.

—A su esposo le esperan días de un intenso dolor. Tendremos que medicarlo con narcóticos.

—¿Cuál es el riesgo de que se muera? —pregunté.

—Muy bajo, la mayoría de los pacientes sobreviven. Eso sí, el proceso de rehabilitación puede tomar meses y hasta años; algunos pacientes sufren daños permanentes que, ni aun con terapia, mejoran.

"Esto es un castigo. Y me lo merezco por todo lo que he hecho", pensé. Tan pronto ese pensamiento cruzó mi cerebro, entendí que la castigada debí haber sido yo y no él. Alberto siempre fue una buena persona; no era el mejor marido del mundo y me frustraba su desamor, pero como hijo, hermano y profesional mostraba un comportamiento excelente. ¿Qué pudo haber hecho mal, qué pecado pudo haber cometido para recibir ese castigo? No se me ocurría nada.

Así estuve varias horas hasta que una enfermera me dio instrucciones de irme a descansar porque en Cuidado Intensivo los pacientes solo podían verse por media hora dos veces al día: a la una de la tarde y a las siete de la noche. Fui fiel a ese horario durante la primera semana. Después lo pasaron a una habitación regular y pude regresar al trabajo luego de hacer arreglos con su mamá para que lo cuidara después del mediodía. A mí me tocaba atenderlo por las noches. Era conmovedor verlo allí acostado, quejándose del dolor. Los primeros días fueron los peores porque tenía los músculos de la cara paralizados y apenas podía hablar. Lo alimenté con líquidos y le tapé los ojos porque hasta la poca luz que se filtraba por las cortinas le molestaba. Me daba vergüenza mirarlo; el sentimiento de culpabilidad por lo que le había hecho me inmovilizaba, aun así, traté de hacer todo lo posible para que su estadía en el hospital fuera, dentro de las circunstancias, cómoda.

Su mamá se dedicaba a custodiarlo por el día. A las siete de la mañana, al llegar de nuevo mi suegra, regresaba a mi casa a cambiarme de ropa para irme a trabajar. El jefe me autorizó a tomar todo el tiempo necesario para cuidar a mi esposo, pero yo prefería estar con él en las noches, cuando apenas podíamos conversar unas horas antes de que le dieran los medicamentos para dormir. No me imagino cómo hubiera pasado doce horas al día en la habitación con él, hablando de ningún tema y actuando como una enfermera en vez de una esposa enamorada y terriblemente afligida por la situación de su marido.

Tres semanas después de aquella tarde que llegamos al hospital, a Alberto lo dejaron regresar a la casa. Había perdido cuarenta libras de peso. Su hermano tuvo que cargarlo hasta la habitación y acostarlo. Los huesos del rostro estaban tan pronunciados que parecía una calavera de museo. Le compré un bastón para que pudiera caminar sin tambalearse cuando lograba levantarse de la cama. La semana siguiente comenzó un programa de terapias para ayudarle a recuperar la fuerza en las piernas y los brazos que duraba de nueve de la mañana a una de la tarde. Su madre se encargaba de llevarlo y recogerlo. Muchas veces, al regresar de trabajar, todavía ella estaba con él; era como si no encontrara la forma de dejarlo, como si tuviera miedo de regresar al otro día y enterarse de que había amanecido muerto.

No la culpo por ese temor. La sensación de saber que alguien se va de tu vida y no puedes hacer nada para evitarlo es una de las peores. Cuando esa persona está frente a ti, pero sabes que probablemente será por última vez, quisieras tener unos brazos más fuertes para poder atraparla y mantenerla contigo. Ese es un dolor frustrante por la impotencia ante la pérdida. Así me sentí la noche en que terminaste conmigo, Miguel. Me dijiste que te ibas a estudiar medicina a Nueva Orleans y no estabas hecho para relaciones a distancia. Yo tenía veinticinco años y había sido tu novia desde los diecinueve. No sabía qué hacer con mi vida si tú no estabas. ¿Te acuerdas cómo lloré y te abrazé pidiéndote que no te fueras? Hasta me puse de rodillas para suplicarte. Qué vergüenza siento todavía cuando recuerdo el ridículo que hice, pero en ese momento era el dolor más grande que había sentido jamás. Ahora que lo analizo, pienso que tenía contigo una codependencia enfermiza. Te habías convertido en la prioridad de mis días. Sin ti, sufría de un hueco que empezaba en el centro del pecho y llegaba hasta la mitad del estómago. Lograba llenarlo por momentos. Cuando devorarme tres postres no me resolvía la tristeza, comencé una racha de *one night stands* de tres meses; eso debe ser lo que sentó las bases para que le tomara el gusto a despertar en camas ajenas. Me llenaba de euforia conseguir un candidato, escucharle hablar por horas sobre lo linda que era mi sonrisa y otro par de líneas más que cargaban el único propósito de llevarme a la cama. Poco a poco fui creando una nueva Karla que no sufría por ti, al contrario, disfrutaba la libertad de estar soltera. El exceso de calenturas se detuvo cuando conseguí el trabajo de asistente de compras. Fue el primer puesto a tiempo completo y con responsabilidades importantes que tuve después de graduarme de la universidad. Mis jornadas eran de largas horas y apenas me sobraba tiempo para salir a conocer hombres nuevos. En esos días pensaba que el error más grande que podía cometer era enredarme con algún compañero de la oficina, así que los descarté a todos como posibles amantes. Poco a poco recuperé mis sentimientos y superé tu imbécil abandono.

Volviendo al tema de las despedidas, Miguel, una vez vi una película, *'Night, Mother,* con Anne Bancroft y Sissy Spacek. En una de las primeras escenas, la joven mujer le cuenta a su madre el plan para suicidarse en unas cuantas horas. Ambas pasan la noche conversando acerca de todos los temas que nunca antes habían tocado. Hasta que llega ese momento horrible y despiadado en el que la hija procede a encerrarse en la habitación para pegarse un tiro. La madre le ruega que no lo haga, la agarra por el brazo para impedirlo, grita, casi tumba la puerta a golpes. Ese llanto y esa súplica nos hace llorar con ella porque sentimos el dolor real del personaje y queremos meternos en la pantalla para evitar que la hija se dispare en la cabeza. Lucharíamos por salvarla para no sufrir su partida, sin pensar que en ese momento la idea de morirse es lo único que puede hacerla feliz.

A las dos semanas de comenzar las terapias de Alberto, reanudé mi relación con Víctor, interrumpida por las circunstancias de aquellos días. Mientras cuidaba a mi marido en el hospital mi semblante estaba decaído, con ojeras, llevaba las raíces del pelo sin teñir, los zapatos sin tacón, en fin, una versión demacrada de mí. Estaba de muy mal humor por no haber dormido bien en el sofá incómodo de la habitación. Cuando veía a Víctor le huía, pues no quería que me viera en esas condiciones; para los amantes siempre hay que mostrar la mejor cara y yo estaba muy lejos de tener una en esos momentos. Al hablar por teléfono le contaba las penurias del día y la noche. Aunque no tuvimos ningún acercamiento sexual durante esas semanas, por lo menos tenía alguien a quien contarle lo que estaba viviendo. Era un monólogo en el que yo hablaba y él escuchaba, aunque sé que no le importaba mucho la retahíla de quejas que salía de mi boca.

La compañía donde trabajaba Alberto le pagó su sueldo por dos meses para que pudiera concentrarse en las terapias. Luego de ese tiempo regresó a trabajar con cierta dificultad y continuaba con ejercicios, pero solamente cuatro horas a la semana temprano en la mañana. Víctor comenzó a presionarme, me preguntaba si ahora que mi marido estaba recuperándose existía alguna posibilidad de volver a tener sexo. Yo sentía pocos deseos de estar con alguien y menos con él; tenía una opinión tan desagradable de mí que no había manera de sentirme atractiva ni sensual durante esos momentos.

—¿Hasta cuándo me vas a tener en esta sequía? —volvía a preguntarme.

Por el otro lado, mi marido estaba cada vez más distante, cansado y escurridizo; la enfermedad le había paralizado también la parte del cuerpo en la cual guardaba el poco amor que me tenía. Fueron días muy difíciles. Podía vivir sin ser feliz, pero ¿por cuánto tiempo más? De repente empecé a pensar en mí, en lo que había sido mi vida antes y después de casarme. No había tenido muchas relaciones románticas después de que me dejaste, Miguel. A los pocos años de que te fuiste conocí a Alberto. Me agradó el sentido de seguridad que me brindaba mantener un noviazgo estable con una persona que tenía su vida bajo control. Aprendí de él a planificar, a ahorrar dinero, a hacer ejercicios y a no comer carne roja. No me daba cuenta de que Alberto se comportaba como un maestro y me trataba como si fuera su estudiante, su proyecto. Su manía de siempre darme instrucciones "para que mejorara mi desempeño" al principio me pareció encantadora. Un par de años después, cuando ya no lo miraba como si su presencia estuviera rodeada de flores de cerezo, sus comentarios me generaban molestia.

Un día de mayo, segura de haber perdido lo poco que le quedaba a mi matrimonio, empaqué la ropa necesaria, los documentos más importantes y tomé el avión a Chicago. Le dejé una carta a Alberto explicándole que la decisión no era por causa de su enfermedad, sino porque desde hacía tiempo sentía que inevitablemente terminaríamos separados. A mis hermanas les encargué darle la noticia a mami porque me sentía avergonzada de abandonar un enfermo, algo que ella jamás hubiese hecho. Aún hay personas en su familia —y la mía— que me acusan de ser una mujer cruel que desapareció del país para no cuidar a su esposo. Esa apreciación es incorrecta; aunque Alberto hubiese estado sano, de todas formas, era tiempo de irme. Necesitaba olvidar lo que había pasado en los últimos años.

Todavía siento miedo cuando pienso en regresar a Puerto Rico.

10

Nuevas recetas, otros ingredientes

Llegué a la casa de mi tía sin avisarle. Sabía que aún vivía en el mismo sitio y que me daría albergue por lo menos unas cuantas semanas mientras organizaba una nueva vida en Chicago. Toqué la puerta y abrió ella, tan sorprendida cuando me vio que gritó de la emoción, pero no le dio un infarto porque mi hermana la había llamado —sin mi autorización— para contarle todo. Nos sentamos a la mesa a tomar té de manzanilla. No quise darle muchos detalles del desastre de mis últimos años, solo le hablé de mi necesidad de cambiar de ambiente.

—Quiero estar en un lugar que conozca, aunque sea un poco; mudarse así puede ser nefasto si uno no tiene a algún conocido cerca —le expliqué.

—Humboldt Park ya no es lo que era cuando tú estabas chiquita —me empezó a contar mi tía.

Diez años atrás había comenzado un proceso de gentrificación, como le llamaban en la ciudad. Los *yuppies* blancos se mudaron al Barrio. Poco a poco las rentas aumentaron a tal nivel que los puertorriqueños que transitaban la zona desde los sesenta se vieron forzados a emigrar a otros vecindarios más alejados del *downtown*. La población había disminuido y hasta estaban cerrando escuelas.

—Este Gobierno no entiende, mijita. Que los muchachos latinos tengan que caminar dos o tres cuadras más para ir a otra escuela puede significar la muerte. Cruzar por donde manda otra ganga es demasiado peligroso.

Tía Jacoba sobrevivió a la gentrificación porque, al morir mi tío hace quince años, ella había utilizado el dinero del seguro de vida para saldar la hipoteca. Ofreció alquilarme el apartamento del sótano en dos meses, cuando venciera el contrato de los inquilinos mexicanos. Mientras tanto podía vivir con ella. Como yo no tenía otra opción, acepté. El acto de escapismo que perpetré en Puerto Rico fue un arranque, un impulso mal planificado y debía enfrentarme a las consecuencias. Solo me había traído los documentos importantes y alguna ropa. Mis ahorros estaban en un cheque de gerente y calculaba tener suficiente dinero para vivir por lo menos seis meses, pero debía encontrar un trabajo rápido para poder matricularme en la escuela de repostería. En el 226 del Jackson Boulevard estaba la French Pastry School, donde quería estudiar para dedicarme a hacer postres por el resto de la vida. Eso era lo único que tenía claro cuando salí de Puerto Rico, Miguel. Ya no me interesaba trabajar en oficinas con gente despiadada y robótica. Había renunciado a la escritura porque además de no tener talento, tampoco me quedaban historias interesantes para contar. La felicidad que me seguía provocando comerme algo dulce debía tener algún significado. Era la mejor terapia para cualquier situación que me afectara. Si supieras de las veces que me senté en el sofá de mi casa con un *cheescake* de guayaba entero y solo una cuchara. La alegría de saborear cada pedazo de masa suave, masticar identificando sabores de crema, fruta y la galleta molida que servía de base hacía que el mundo no existiera hasta que, de tanto comer, me empalagara el dulzor.

Estudiar durante el día, trabajar por las noches, ese era el plan; que no me sobrara tiempo para pensar en nada. En esos momentos era lo mejor que me podía pasar.

Ya tía Jacoba tenía preparada para mí una habitación cerca de la cocina, lo suficientemente retirada de la sala como para no interrumpir las horas familiares del resto de los habitantes de la casa: mi primo Sandro y su novia Tessa. En el cuarto encontré la cama de una plaza cubierta por una colcha gris con flores amarillas y anaranjadas, parecidas a los fuegos forestales de California que reportaban en la televisión durante el verano. El clóset era del tamaño de una nevera, por lo que a pesar de que traje pocas cosas, no pude acomodarlo todo. Al lado de la cama, cuyo costado derecho estaba pegado a la pared, había una mesa de noche pequeña. Recordé la comodidad de mi casa en Guaynabo y la tranquilidad de tener una rutina establecida a la que había renunciado menos de veinticuatro horas antes. Pensé en Víctor y el detalle de no haberme despedido de él, aunque de Alberto tampoco, pero a mi marido, por lo menos, le dejé una carta. Al amante, ni eso; en aquellos momentos debía estar extrañando mis mensajes, sin atreverse a llamarme porque era sábado e imaginaba que yo estaría con mi esposo.

También recordé mis tiempos en el Departamento de Compras, y hasta los chistes mongos del jefe de Wisconsin. No mantenía comunicación con nadie de los que conocí en esa compañía desde que renuncié, pues cambié el número de celular para que la nueva asistente de compras no me llamara a preguntar estupideces que ya le había enseñado durante el adiestramiento. Me dieron ganas de hablar con alguien a quien pudiera preguntarle cómo uno se adapta a vivir en una ciudad diferente, cuánto tiempo pasa antes de dejar de extrañar lo que se quedó atrás. Hay gente que se muda de país en país y lo ven como algo divertido. En cambio yo, allí tirada sobre la cama, me moría de miedo. Tenía ganas de llorar y regresar a Puerto Rico, de volver a mi trabajo, revocar la renuncia, informarle a mi familia que todo había sido una broma. Le diría a Alberto que esto era un malentendido, que por favor me perdonara haberlo abandonado por un día. Este último pensamiento me causó náuseas y un mareo leve. Entendí que debía quedarme en Chicago y tratar de empezar de nuevo, si acaso eso se puede hacer cuando uno carga un bagaje que se hizo pesado en tan poco tiempo, cuando uno en vez de oportunidades lo que se merece son castigos.

Una amiga me dijo una vez que los pacientes terminales experimentan una mejoría engañosa antes de morirse. Ni siquiera eso pasó entre Alberto y yo en esos últimos días antes de escaparme de la casa y dejarlo allí. Nuestra relación se había apagado hace años, quizás desde el principio. Creí que estaba enamorada cuando me casé, seducida por ese caballero que funcionaba tan perfectamente como un Ferrari. Cualquier cosa que haya sido eso que sentía fue desapareciendo a medida que no supo balancear sus deseos de tratarme como un Pigmalión y el ofrecerme, de vez en cuando, un poco de cariño. Así era Alberto: poseía un talento sobrenatural para arruinarme la alegría sin darse cuenta. Colocaba dinamita poco a poco en la base de nuestro matrimonio. Yo también añadía de vez en cuando una bomba o una granada, dependiendo de cuan abandonada me sintiera. Era inevitable que apretara el botón y el edificio explotara en pedazos. Sin planificarlo, ocurrió la hecatombe el día que menos lo anticipé. No es lo mismo fantasear con que alguien se va de tu vida, a que se vaya. De alguna forma la imaginación nos protege, podemos diseñar en la mente cómo queremos que las cosas sucedan. Ya en Chicago, no tuve más alternativa que vivir con la realidad que tenía de frente y esforzarme por crear un nuevo mapa que me guiara. Además, así soy: en la vida y en los aeropuertos me interesan más las llegadas que las salidas.

El domingo desperté de mejor ánimo y tomé el autobús hasta la ciudad para dar un paseo. Los edificios gigantescos, las vitrinas adornadas y el montón de gente caminando por las calles tuvieron el efecto de calmarme; si tantas personas vivían aquí, yo también podía hacerlo. Sentí una alegría nueva, algo que no experimentaba hacía mucho tiempo, un sentimiento de confianza que no me llenaba la cabeza desde mis años en la universidad. Cuando yo era una veinteañera tenía ante mí la oportunidad de comerme el mundo; vivía en piloto automático sin saber cómo hacía las cosas porque no se me ocurría detenerme a cuestionar nada. La única ruta que conocía era hacia adelante y a gran velocidad. Ya después entré en los treinta y descubrí poco a poco que el cuerpo se cansa y duele, que existen las enfermedades que cambian la vida de las personas. Entendí la palabra más destructiva que existe, esa que es peor que el odio y la pobreza, peor que el hambre y la envidia: *miedo*. Una vez apareció, fue imposible sacarla de la mente, mi velocidad de acción disminuyó y ni siquiera el amor volví a sentirlo igual. He desarrollado una extraña manía de observar a la gente en cualquier lugar, especialmente a los jóvenes. Es algo parecido a una nostalgia por los años pasados, es aceptar que ya me dicen "señora" cuando llego a un restaurante o a una tienda. Me atormenta la idea de encontrarme con ese terrible día en que llegaré a una sala de emergencias de cualquier hospital y me atenderá un médico menor que yo.

Como te contaba, Miguel, me fui al *downtown* y caminé por un rato largo. El clima de mayo se sentía fresco, las calles se veían tranquilas a pesar del desorden común de las ciudades grandes. Tomé el autobús hasta Lincoln Park. Miré el cielo despejado y le agradecí al sol que no calentara tanto como en Puerto Rico. Me reí cuando recordé que al llegar el invierno suplicaría por un poco de ese clima caliente del Caribe. No tenía una visión clara de cómo pondría a funcionar mis planes y mucho menos imaginaba que en unos cuantos años estaría rogándole a un médico de esa ciudad —mayor que yo, por lo menos— que me salvara la vida.

11

Si pudiéramos
coleccionar la alegría

Hoy, por fin, y después de cinco semanas de descanso, el Dr. Mallory me autorizó a volver al trabajo. Llamé a Sigfredo para informárselo. Tuve miedo de que me hubiese despedido, pero fue lo contrario: pidió que llegara tan pronto pudiera. Comentó que me extrañaban y reconoció que nadie decoraba bizcochos tan bien como yo. Estaba feliz porque mi regreso coincidía con la época de fiestas. Ya era el 15 de noviembre y a partir de estas fechas las ventas incrementan. Le conté acerca de unas nuevas recetas de Francia e Italia que pensaba añadir al menú de tartas y con eso logré borrar un poco los inconvenientes que debe haber tenido durante mi ausencia.

Mientras, en los días de enfermedad me senté a escribir una lista de lo que quiero hacer antes de morirme. Tardé casi una hora en anotar las primeras tres cosas. Entonces decidí colocar una hoja de papel y un lápiz sobre el escritorio por si se me ocurría algo. Hasta el momento tengo diez actividades registradas, muy poco para una persona relativamente joven. Sin embargo, tengo una larga lista de lo que no me interesa; en esa hay más de cien cosas. Me he vuelto a convertir en una mujer aburrida. Solo existe un lugar en el mundo que me gustaría visitar: Buenos Aires. Pienso en la comodidad de visitar un país donde se habla español y hay buena comida. Un análisis meticuloso, diría yo, nada de impulso o antojo. Mi apatía por viajar es un acto de rebeldía contra gente que colecciona visitas a ciudades cuando otros deben conformarse con nunca ir a los lugares de sus sueños, y recurren a quienes hacen de turistas para encargarles recordatorios. En la escuela de repostería conocí a un polaco que coleccionaba arena de diferentes playas del mundo.

—Tengo más de treinta —me dijo un día, y le pregunté si había ido a todas ellas.

—No, la gente que viaja me las trae —contestó—. Solo he cruzado las fronteras de Illinois para ir a las quinientas millas de Indianápolis.

Le cuestioné cuán emocionante puede ser coleccionar algo si no has pasado por el proceso de escogerlo, pagar por ello, meterlo al bolsillo y sentirlo como un logro. Me miró como si yo fuera una idiota y procedió a explicarme con su acento raro que todas las arenas de las playas son iguales y que, además, son gratis.

Tampoco me interesa tirarme en paracaídas y mucho menos volverme a enamorar. Lo más emocionante sería estudiar un curso de estilo culinario en California y regresar a vivir a Puerto Rico. Cuando le conté a mi amiga Drinia acerca de la flaquencia del *bucket list* dijo:

—Yo quisiera ser como tú; no andas por ahí buscando la felicidad como hace mucha gente, sino que vives cada día sin detenerte a pensar.

Drinia, quien es muy sentimental y vive para complacer a sus hijos y nietos, me dijo que su felicidad se componía del conjunto de felicidades de la gente que ama.

—¿Y hay algo que te haga feliz a ti, solamente a ti, sin depender de otra gente? —pregunté.

—A veces la felicidad propia viene por las razones equivocadas —fue su contestación.

Esa extraña tendencia a la sumisión la protegía de muchas desilusiones; sin duda su estrategia le había funcionado.

Al salir del médico fui al supermercado a comprar varias provisiones para la cocina. Ahora que el doctor me había dado de alta debía empezar a llevar una vida normal y dejar descansar a tía Jacoba. Solía bajar al apartamento con una fiambrera llena de comida y se sentaba a conversar conmigo acerca de cualquier cosa. Así me enteré de que su hijo estaba en planes de casarse pronto con su novia Tessa, una maestra norteamericana muy agradable a quien saludaba las pocas veces que la veía. Siempre me preguntaba lo mismo:

—*How is your heart doing?*

Yo contestaba igual:

—*Jumping a little bit, but it's ok, I'm getting used to it.* —Aunque no era cierto.

Es imposible acostumbrarse a un corazón que late fuera de ritmo, más bien se tolera. Uno respeta las decisiones arrítmicas dentro del pecho y se resigna a vivir así, con el frasco de pastillas en la mesa de noche y otras cuantas píldoras en un cofrecito, regalo de tía Jacoba, para que lo tuviera siempre en la cartera, por si acaso.

Regresé al apartamento porque el frío estaba haciendo estragos en mi energía. Me senté frente a la computadora a revisar lo que había escrito durante estas semanas. Pensé en ti, Miguel. De seguro andas por ahí siendo igual de egoísta que cuando éramos pareja. Duramos seis años juntos porque vivía resignada a tu simpleza. Un cuasi hombre como tú no tenía mucho que ofrecer y una mujer a medio cocinar como yo, tampoco. ¿Dónde estarás ahora, catorce años después? Recuerdo que tenías planes de ser un cirujano millonario antes de cumplir los cincuenta. Pero una vez busqué en internet tu nombre, por curiosidad, y no apareciste. Es imposible que hayas alcanzado tu meta porque sería fácil encontrarte en algún directorio. Me da cierta alegría saber que la probabilidad de que seas millonario y exitoso es mínima. Para tener la vida que pretendías hacía falta perder mucho en el camino, sentir las emociones fuertes de no tener lo que se quiere, lograr algo por tus méritos y no porque te lo comprara tu abuela ricachona. Estabas lejos de eso. Me pregunto si alguna vez habrás llorado por otra causa que no sea felicidad.

No te culpo por los privilegios que heredaste, al contrario, admiro tu coraje para escaparte de vez en cuando. Me gustaba acompañarte cuando querías irte de *camping* a Carite o a Rincón. Si estábamos solos tu comportamiento era más amoroso. Ahora me doy cuenta de que probablemente lo hacías para que accediera a acostarme contigo. Lo hicimos una noche que yo había bebido como dos copas de vino y me sentía dispuesta a pasar a una etapa más madura en nuestra relación. Al terminar me quedé pensando si eso era todo; la verdad es que nuestro encuentro no se pareció en nada a lo que pintan en las películas románticas. Por eso nos decepcionamos tanto, por estar viendo televisión en vez de leer novelas de Tolstoi y Balzac. A pesar de todo, admito que gracias a ti viví algunos momentos excitantes. Pero no te emociones porque después que me dejaste, las experiencias fueron más intensas y hasta peligrosas. No tengo intención de presumírtelas. Como te dije varias veces: menos Caperucita, todo lo demás es el lobo. El mundo es más malo que bueno. Espero que a estas alturas de tu vida se haya explotado la burbuja en la que flotabas y por fin te hayas dado cuenta de eso.

Quizás ya es tiempo de perdonarme por el desastre de mi matrimonio, los cuernos, el haber dejado a Alberto sin tener una conversación valiente. Creo que con las situaciones difíciles a las que me he enfrentado estos años en Chicago y que he aceptado sin protestar, pagué la penitencia que me correspondía. Aun así, no hay manera de saber si la vida concuerda conmigo o si todavía queda algún castigo escondido por ahí entre los pliegues invisibles del karma.

12

Cómo empecé a hornear
una nueva Karla

La mudanza al apartamento en el sótano de la casa de tía Jacoba la hice en dos horas. Solo me llevé la ropa, la computadora portátil y algunos libros que había comprado durante mis paseos por el *downtown*. Mi biblioteca personal, con más de cien obras de literatura y decenas de libros de cocina, se había quedado en Puerto Rico. Quería comenzar una nueva colección para cuando tuviera el tiempo de leer. Ahora compraba más libros de repostería que de cualquier otro tema y pasaba las noches antes de acostarme revisando recetas. Estaba emocionada porque llevaba dos semanas estudiando en el French Pastry School. El cambio de carrera era una ilusión que tenía desde los veinte años, pero nunca me había atrevido a hacerlo. Desde que estaba en segundo año de universidad sentía que estaba estudiando la profesión incorrecta. Cuando empecé a trabajar en oficinas lo confirmé. Luego intenté buscar una alternativa estudiando escritura creativa porque me gustaba leer y pensé que podría ser escritora, pero eso tampoco prosperó. La única constante había sido siempre la alegría de saber que en algún lugar había un postre esperando por mí.

Como yo no venía de una familia de dinero como tú, Miguel, tenía que generar mi propio ingreso para vivir. Conseguí trabajo con un abogado cerca del Gold Coast. Allí laboraba desde las dos de la tarde hasta las nueve de la noche. Pasaba la mañana estudiando. No me sobraba tiempo ni para comer, así que perdí unas cuantas libras antes de ajustarme al nuevo itinerario.

Mi hermana Lily llamó desde Puerto Rico. Su pronóstico de que este cambio era un impulso que desaparecería tan pronto llegara la primera nevada, falló. Aprovechó para contarme un poco de Alberto: el hombre que abandoné se había comunicado con ella para decirle que botó a la basura mis pertenencias. Si yo no daba señales de vida, en dos años iría a la corte a solicitar el divorcio ya que no necesitaría mi presencia, de acuerdo a no sé qué estatuto legal que lo permitía. Me importaba poco cualquier cosa que Alberto pensara o hiciera; esa era la evidencia mayor de las pocas marcas que su carruaje destartalado había dejado en las calles enlodadas de mi vida. Además, cuando uno deja de querer a alguien, siente como si nunca lo hubiese querido. Según Lily, su conversación fue calmada, como si estuviera resignado a la pérdida de su matrimonio; sin embargo, le preocupó que culpara a su estado de salud de mi huida repentina. Le expliqué a mi hermana que le había dejado una carta a mi aún marido sobre la mesa del comedor detallando las razones de aburrimiento, desamor y la poca atención que me brindaba.

—Es más fácil hacerse la víctima que aceptar los errores —le dije a Lily, y tan pronto esa oración salió de mis labios sentí que me refería a mí en vez de a Alberto.

Aunque ambos cometimos errores diferentes, al final se convirtieron en lo mismo: desviaciones que nos alejaron de la pasión que no supimos mantener viva. Nos quedó un amor despintado en el cual la mezcla de colores discordantes no sobrevivió al tiempo, como lo habíamos prometido.

Mis días transcurría entre los estudios y el trabajo. Los fines de semana estaba cansada y me dedicaba a dormir o a practicar lo que había aprendido en la escuela. Durante esos días conocí a Drinia, mi única amiga en esta ciudad. A pesar de vivir frente a la casa de tía Jacoba, no fue hasta tres meses después de llegar a Chicago que la vi por primera vez.

Los ingresos como secretaria legal no alcanzaban para mucho. Sometí los documentos para trabajar como notario público en Illinois porque además de hacer labores de oficina, también me encargaba de afidávits. La idea fue de mi jefe, un abogado bonachón a quien no le daba el tiempo para ayudar a todos los inmigrantes ilegales como él quería. Con ese dinero extra podía sobrevivir en una ciudad tan cara, sin lujos y gastando solo en lo necesario. El curso de repostería duró seis meses. Al terminar, me dieron una certificación y cuatro meses después conseguí trabajo con Sigfredo. Renuncié a la oficina del abogado y decidí no renovar el permiso de notaría cuando expirara porque esa nueva carrera de *pastry chef* era lo que quería hacer por el resto de mis días.

Durante los primeros tres años de trabajo tuve varios pretendientes, pero no me interesé por ninguno. No era por falta de deseos, ¿a quién no le gusta sentirse querido? El problema fue mi cansancio emocional. Enamorarse requiere de mucha energía. Hay que evaluar lo que se tiene de frente y evitar tomar decisiones impulsivas con poca información. El proceso se parece a estar en el cine y observar los avances de una película que parece divertida. Te apresuras a verla tan pronto encuentras el tiempo y, cuando se acaba, te quedas mirando los créditos en la pantalla, convencida de que las únicas escenas que valían la pena las mostraron en el anuncio. Piensas que una película como esa solo puede parecerle divertida a alguien que estuvo encerrado por meses en un programa para protección de testigos. Y yo llevaba bastante tiempo alejada del mundo cotidiano y concentrada en establecerme en la urbe. No quería caer en la tentación de dejarme llevar por lo que veía y terminar dando oportunidades a hombres que se portaran como malas comedias. El primo Sandro me presentó a algunos de sus amigos y hasta Drinia quiso llevarme a un club de *strippers* para que, según ella, me dieran ganas de estar con un hombre. Pero, para mí, es lo contrario. Los *strippers* me asustan, es un efecto similar al que le causan los payasos a algunos niños. Aunque no lloro o grito cuando los veo, me tapo la cara y salgo del lugar. Nunca he comprendido el porqué de mi fobia, así que rechacé su oferta y preferí decirle que estaba muy ocupada para andar por ahí buscando amores. Aparte de aquel profesor de la escuela, el que intentó modificar mi personalidad, nadie había podido despertarme los deseos.

Pero mis pensamientos cambiaron cuando conocí a Stephen Cooper. Era alto, de ojos verdes y tenía el pelo color harina de maíz molida. La primera vez que lo vi fue un miércoles a las tres de la tarde, de pie frente a las vitrinas. Observaba los bizcochos para saber cuál escogería. Yo estaba en el mostrador de la pastelería porque Sigfredo había salido a comprar cigarrillos y le ofrecí ayuda a pesar del nerviosismo. Levantó la cabeza y comenzó a hacerme preguntas de porciones y tamaños.

—Vengo de una reunión y *my pregnant secretary* me pidió encargarme de esto porque está cansada y no quiere salir de la oficina.

Las instrucciones eran claras: diez personas, no chocolate y sin nueces. Le sugerí el de vainilla relleno de frambuesa decorado con dos capas de merengue. Aceptó de inmediato y le pregunté si quería que escribiera algún mensaje. Lo pensó un momento antes de contestar: *Happy 4th of July*. Di media vuelta y puse el bizcocho sobre el mostrador. Pregunté de qué color quería las letras y pidió que escogiera yo, que para él todos los tonos se veían iguales. Seleccioné el rojo por aquello de que se pareciera a la bandera de Estados Unidos. Hacía tiempo que ningún hombre me llamaba tanto la atención. Quise demostrarle tanto mi amabilidad que, cuando terminé de cobrarle, agarré la caja donde había colocado el bizcocho y le pegué con cinta adhesiva una de mis tarjetas de presentación por el lado. Salí del mostrador para entregarle su compra a la mano, como hacen los vendedores en la tienda Chanel del Magnificent Mile. Nos despedimos mostrando nuestras sonrisas de primera cita y, aunque la mía fue un poco torpe por la falta de práctica reciente, la suya me pareció genuina.

13

La vida de los latinos en Estados Unidos no es *peaches and cream*

La madre de Drinia se llamaba Anita. Llegó a Chicago en mil novecientos cincuenta a trabajar de sirvienta. Tenía diecinueve años cuando su hermana Julia, que había emigrado a la ciudad a mediados de la década anterior, la mandó a buscar. Durante esos años, cientos de puertorriqueños se mudaron a Chicago buscando empleo. Julia empezó trabajando como niñera para una familia de judíos, pero los abandonó al conseguir un puesto en una fábrica en el North Avenue. Como empleadas domésticas les pagaban poco y las jornadas eran todos los días, sin beneficios ni descanso. Muchas de las boricuas se aventuraron a buscar trabajo en la manufactura y, tan pronto se ubicaban en alguna línea de producción, renunciaban a sus labores como sirvientas. La agencia de empleo que las contrató comenzó a recibir quejas de los patronos que exigían a las puertorriqueñas cumplir con lo acordado. Querían que las fueran a buscar y las devolvieran a sus casas. Como si todavía existieran los tiempos de esclavitud, nada más faltaba que amenazaran con entrarles a latigazos.

Anita trabajó como sirvienta durante los primeros meses y pronto se cambió a la misma fábrica donde laboraba Julia. Vivieron juntas hasta que la hermana mayor se casó. Luego, en octubre del cincuenta y dos, Anita contrajo matrimonio y, un año después, nació Drinia. La nueva familia se ubicó en un pequeño apartamento en Lincoln Park, cuando la comunidad de puertorriqueños reinaba en esa zona, ahora dominada por edificios con apartamentos de lujo. La gentrificación se inició por el North Side, pasó por Old Town y llegó a Lincoln Park en los años sesenta, según me contó Drinia. Los jóvenes blancos y con mejores empleos empezaron a mudarse al vecindario. Los arrendadores subieron las rentas para beneficiarse de la situación. Diez años después ya era imposible enfrentar los costos de vivir en el que antes era un barrio boricua. La familia empacó lo que tenía y se fue a vivir a Logan Square. Allí creció Drinia junto a sus dos hermanos. Fueron tiempos difíciles. Las pandillas dominaban los vecindarios; los dos varones pertenecían a los Latin Kings. Ella se involucró también, pero como hasta en la jerarquía pandillera las mujeres no son iguales a los hombres, su trabajo consistía en guardar armas o drogas y servir de coartada cuando la policía investigaba los asesinatos que cometían sus amigos.

—Dos mujeres de los Spanish Cobras me dieron una pela al salir de un baño público en el parque. Estuve en el hospital una semana —me contó un día cuando comprábamos plátanos en el mercado para satisfacer mi antojo de comer mofongo.

La dieron de alta, se aferró a la religión católica como hacía su madre e intentó cambiar de vida. Abandonó la secundaria y se fue a vivir con una tía en Ohio. Allí trabajó durante tres años hasta que regresó a cuidar a su mamá que sufrió un infarto cuando los Latin Disciples mataron a su hijo de veintiocho disparos frente a un local de comida mexicana en el cruce de la avenida Armitage con Kedzie. Ya de regreso a Chicago, consiguió trabajo en una tienda de polacos y se casó con otro puertorriqueño —un maestro que le llevaba dieciocho años— en el verano del setenta y dos. Tuvo hijos antes de los veinte y nietos antes de los cuarenta. La conocí a sus cincuenta y dos años, aunque aparentaba casi sesenta. Hablaba un inglés sin mucho vocabulario, pero fácil de entender. Me pedía que le enseñara español para practicar el idioma, pero a veces tenía que repetir en inglés lo que acababa de decir porque le notaba en la cara que no había captado ni una palabra. Así encontré a muchísimos puertorriqueños de segunda generación cuyo dominio del español era pésimo y, a veces, inexistente.

Drinia estaba a punto de perder su apartamento en Humboldt Park porque la gentrificación ya estaba haciendo estragos también en nuestra calle. Ella vivía del seguro social de su esposo, víctima de un cáncer de páncreas que lo mató en tres meses a mediados de los noventa. Vendió el apartamento en el que había criado a sus hijos porque los costos del tratamiento los dejaron casi en quiebra, pero como eran los años de la burbuja, en bienes raíces consiguió casi doscientos mil dólares de ganancia por el inmueble. Su gran error fue pensar que ese dinero sería suficiente. Ahora estaba en medio de una pelea con su *landlord* que le había dado seis meses para mudarse. Ella lo acusó de discrimen por ser puertorriqueña y vieja. La primera razón no le funcionó para apoyar su causa frente a las agencias de Gobierno a la cuales elevó su protesta ya que el dueño del edificio era un mexicano de apellido Navarrete y, para los americanos, todos los latinos venimos de *south of the border*, por lo tanto, mexicano contra mexicano no se cataloga como discrimen. Por más que le explicamos al abogado de Legal Aid que entre los latinos de diferentes países sí podían existir diferencias de poder, el caso se tomó únicamente por edad. Drinia esperaba por la intervención del Neighborhood Association para ver si la ayudaban a convencer al dueño de no subirle la renta.

14

Bizcocho de vainilla
con glaseado de merengue

Stephen llegó en el momento perfecto. Ya me había establecido en Chicago, tenía una nueva carrera que consideraba fascinante y disponía de un poco de tiempo, lo que era casi imposible cuando llegué a la ciudad. Al regresar al apartamento cada tarde me sentaba a ver la televisión, pero la pantalla estaba llena de *reality shows* repletos de tragedias personales de los participantes que, aunque a veces escucharlas me daba risa, prefería no perder el tiempo viendo. No entiendo cómo la gente se presta para contar situaciones tan personales, incluso en los programas de competencias donde eran capaces de vincular sus lágrimas al padre muerto o a la madre trabajadora con tal de ganar las simpatías del público y los votos de los espectadores. Eran pocas las opciones televisivas interesantes, por lo que pensé: "¿Y si existiera la posibilidad de tener un romance con Stephen?". No estaba buscando encontrar el amor de mi vida; solo quería entretenerme, tener a alguien nuevo con quien compartir el tiempo. Y esa inocente idea me trajo más problemas que alegrías.

La mente puede hacernos escuchar ruidos extraños donde solo hay viento o torturarnos con presentimientos negativos. También puede construir historias donde solo existe un saludo y el recuerdo de un bizcocho de vainilla con glaseado de merengue. Me obsesioné con ese hombre nuevo. Los síntomas empezaron al otro día de conocerlo, cuando durante el turno de trabajo salía de la cocina a cada rato para mirar por el cristal que daba a la calle. Era como si a pesar de no haberlo visto nunca antes, estuviera segura de que, a partir de ese momento, regresaría cada día.

Pero las cosas no pasaron como yo esperaba. La primera semana sufrí una decepción diaria, aunque, por extraño que parezca, la esperanza de volver a verlo no desaparecía. Pensar en Stephen me entretenía y fantasear con él era como echar monedas en las máquinas del casino: una siempre piensa que en la siguiente vuelta llegará el gran premio por eso sigues halando la palanca hasta que te vas, no porque se te acabe la ilusión, sino porque te quedas sin pesetas. Así pensaba yo: mientras hubiese bizcochos en las vitrinas de la tienda, la esperanza de que el hombre regresara seguía viva. Cuando pasaron los días y no lo vi, empecé a investigar cómo encontrarlo. Lo había visto dirigirse a la derecha después de salir de la tienda la primera vez. Caminé varias cuadras buscando alguna oficina donde pudiera ver a través del cristal alguna secretaria embarazada. Encontré cuatro, lo que me hizo desistir en la cuadra número cinco. Además de la multiplicidad de barrigas, eran demasiados edificios de varios pisos; imposible visitarlos todos, aunque en un momento de tentación irracional casi lo hago. Luego pensé: "¿Qué rayos le voy a decir si lo tengo frente a mí?", y la idea desapareció. Busqué su nombre en la guía telefónica, en Google, y nada. A veces pensaba en rendirme, sin embargo, me consolaba repitiendo que todo este espectáculo era para entretenerme, que perder el tiempo buscando a Stephen era mejor que desperdiciarlo en una relación real que fuera tan mala como las que ya había vivido. Además, Stephen, *el ausente*, se convirtió en parte de mi rutina y hasta era divertido jugar al detective.

En eso se había convertido mi vida romántica, Miguel: en una fantasía. No debía quejarme porque durante los últimos años en Puerto Rico tuve un comportamiento desbordante, como el champán que se sale de la copa. Por lo menos esta fantasía creada conscientemente no le hacía daño a nadie y era buena para mí. Hasta fui a un salón de belleza en la calle Pulaski donde una ucraniana me cortó el pelo a la altura de los hombros, con capas en las puntas y unos rayitos color caramelo en la coronilla. También fui a un *spa* para hacerme un facial donde un chico guapísimo me dio un masaje que peligrosamente casi desenterró a la mujer que tenía escondida, la misma que se declaró culpable de sus desviaciones y se castigaba todos los días ignorándose. Copié del libro del Dr. Agaston una dieta para disminuir los carbohidratos y compré una bicicleta estacionaria para ejercitarme por las noches. Durante el tiempo que llevaba trabajando en la repostería había aumentado quince libras. Quería desaparecerlas para cuando Stephen volviera. Preferí que no regresara hasta terminar mi plan de autorescate. Fue durante ese tiempo que por fin me atreví a volver a una iglesia.

Aquel domingo cuando me levanté, llevaba seis años sin pisar un templo. Llegué a la St. Sylvester Parish a las ocho. Me detuve frente a la estructura para observar su torre, las ventanas antiguas, la cruz en el tope del techo en dos aguas. Las iglesias católicas son más lindas que las protestantes. Entré por la puerta principal y caminé hacia el centro. La reverencia frente al altar me salió automática, como si el cuerpo estuviera programado. Había comenzado la misa y podía quedarme o esperar la de las nueve para escuchar la próxima tanda. Lo pensé por un minuto. Miré el Cristo crucificado, a la gente tan seria y comprendí que había perdido el entusiasmo por sentarme en aquellos bancos de madera. Salí por una de las puertas laterales y regresé por la misma calle por donde había llegado. Ya en el apartamento me acosté a dormir otra vez hasta cerca del mediodía.

Como te contaba, Miguel, vivir en ese mundo paralelo era de lo más entretenido porque allí siempre existía la esperanza de volver a ver a Stephen, de que entrara por la puerta como si no hubiesen pasado los meses, y preguntara por mí. No tienes idea de cómo esa ilusión me alegró la vida por un tiempo; se puede vivir careciendo de muchas cosas, pero sin la esperanza de alguna mejoría no vale la pena. La historia completa que inventé alrededor de ese hombre puede ser una fantasía o quizás alguien lo puede llamar mentira, sin embargo, la situación no es tan mala como para merecer compasión. Viví los mejores meses que recuerdo desde la mudanza a Chicago. Drinia decía que tuviera cuidado, que terminaría creyéndome mi propio cuento y desaprovecharía las oportunidades reales.

—No te preocupes, amiga, una siempre sabe la verdad de sus mentiras —le dije.

En el fondo todo estaba bajo control. El único problema fue que a veces lo imaginario sucede, pero con algunas alteraciones. Un viernes de octubre, tres meses después de haber visto a Stephen por primera vez, una de las empleadas fue a buscarme a la cocina para decirme que al frente preguntaban por mí. Me acomodé la chaqueta de chef, me miré en el espejo para limpiarme los residuos de harina visibles en la cara y rogué que por fin fuera Stephen. Encontré a un hombre diferente: alto, de pelo color melaza y ojos negros. Se presentó como el detective Martínez y dijo que venía a hacerme unas preguntas.

15

Perder sin tener
la oportunidad de jugar

La repostería tenía una clientela más o menos fija. Cada mañana las mismas personas llegaban a la tienda a buscar *croissants*, donas, galletas, *cupcakes* y *pastries* rellenos de crema o frutas; café *espresso*, *latte*, capuchinos, chocolate o té. Conocía a la mayoría de los clientes, aunque fuera de vista. Cuando terminaba de hacer bizcochos y postres o estaba agotada y necesitaba descansar, me iba al salón a mirar a la gente. Por eso, al ver a aquel hombre, el que preguntó por mí al entrar, estaba segura de no tener idea de quién era.

Lo primero que hizo fue presentarse y preguntar si disponíamos de una oficina en la repostería en la cual pudiéramos hablar tranquilos. Le pedí a Sigfredo que nos dejara pasar a la suya y él nos dirigió hacia la trastienda, con cara de susto porque pensó que venían a arrestarme. Entramos al área y me senté en la silla del jefe. El detective Martínez se ubicó en una butaca frente al escritorio. Con todo el aplomo posible ante semejantes circunstancias, le pregunté qué pasaba.

—¿Usted conoce al señor Stephen Cooper? —fue la primera pregunta.

La piel entera se me encrespó. Sentí como si estuviera sin ropa frente a ese hombre que aparentemente había descubierto mi patética historia de amor.

—Sí, lo atendí una vez cuando vino a buscar un bizcocho.

—¿Recuerda la fecha?

—Tres de julio —contesté sin pensarlo.

—¿Por qué recuerda tan bien el día?

—Porque pidió que escribiera en el bizcocho *Happy 4th of July* —respondí.

El detective Martínez sacó una tarjeta de presentación del bolsillo y la puso sobre el escritorio. Reconocí las líneas azul eléctrico y mi nombre.

—¿En algún momento le entregó usted esta tarjeta?

—Sí, claro. Se la di para que tuviera el número de la tienda por si en algún otro momento necesitaba ordenar un bizcocho.

El detective volteó la tarjeta. En la parte que se suponía estuviera en blanco, había un mensaje escrito en letras curveadas y tinta negra: *Call her!*

—Nunca me llamó —comenté.

—¿Está segura? —preguntó el hombre.

Si él supiera cuántos deseos tenía de recibir esa llamada, se habría convencido de inmediato que era imposible que no la recordara.

—Estoy segura —contesté.

—El señor Cooper está desaparecido. Salió a correr el domingo temprano en la mañana y no regresó a su apartamento. Encontramos esta tarjeta en su billetera.

Así llegó aquella noticia fría, brutal, que me entristeció como si él y yo hubiésemos tenido un romance verdadero. Stephen llevaba casi cinco días sin aparecer. Le comenté al detective lo extraño del suceso, porque siempre pensé que los perdidos eran niños y mujeres. Me dijo que eso era en la mayoría de los casos, pero de vez en cuando reportaban algún hombre. En Chicago desaparecen cada año más de diecisiete mil personas, o sea, una cada treinta minutos. El noventa y ocho por ciento aparece, viva o muerta, aunque regularmente hay un dos por ciento que nunca se sabe qué pasó con ellos, me explicó. Le pedí la tarjeta para sacarle una copia a la parte trasera, con la excusa de que iba a pegarla en mi agenda para no olvidar el caso de Stephen Cooper y así tratar de recordar algún detalle adicional.

—Cualquier información puede ser de gran ayuda —dijo Martínez.

Se lo conté a Sigfredo. Estaba más tranquilo porque ya no se llevarían a su chef de repostería arrestada. Le enseñé la copia de la tarjeta con el mensaje escrito probablemente por el mismo Stephen.

—Por lo menos sabes que pensó en ti en algún momento —dijo.

Ese comentario me causó una pena grandísima que vuelvo a sentir cuando paso frente a la nevera de mi cocina y veo la copia del mensaje sujetada por un magneto del Sears Tower.

Pasé la tarde acostada en la cama, sin ganas de hacer nada, pensando en mi galán. Ahora sin fantasía ni esperanza, la vida volvía a ser normal y extenuante. Recordé lo sola que estaba, aunque no lo sintiera. No es que me faltara compañía, porque Drinia, tía Jacoba, Sandro y hasta su novia Tessa siempre andaban por la casa y tenía con quien hablar. Me sentí culpable por haberme permitido imaginarme feliz tan pronto, sin haber pagado mis deudas con la vida. O quizás *feliz* no era la palabra. Mejor decir *ilusionada*, esa falsa felicidad en la que todo es perfecto y la anticipación no prevé que ese todo puede salir mal. De los seis millones de habitantes de la ciudad, el perdido era precisamente el que yo quería encontrar. Era como si la vida, Dios o el universo —cualquiera de esos a quien se le atribuye manejar el destino— quisiera asegurarse de que no lo volviera a ver jamás. Lo peor fue saber que en algún momento pensó llamarme y no saber para qué.

A veces lo recuerdo y de vez en cuando busco en Google su nombre, aunque llevo más de un año sin rastrearlo. Me pregunto si habrá aparecido, si en algún momento decidió salir de su escondite. Probablemente pertenece al dos por ciento que mencionó Martínez: los que nunca se sabe más de ellos y nadie se atreve a declararlos muertos. Si de todas formas iba a desaparecer, lo mejor es no haber tenido otro contacto con él después de aquel tres de julio, porque conocerlo para después perderlo hubiese sido un castigo demasiado fuerte. Estoy en desacuerdo con eso de que es mejor tener y perder que nunca haber tenido; ese tipo de pensamiento no me consuela. Prefiero nunca haber conocido, nunca haber visto o nunca haber querido, antes que extrañar. Si tuviera que escoger entre la levedad de sentirme vacía y el dolor de sentir un hueco donde antes hubo algo, escojo lo primero porque ya estoy acostumbrada a esa sensación. Pero el hueco es otra cosa, es como un pozo seco en el medio del cuerpo que se queda ahí para recordarte que cuando estaba lleno eras feliz.

16

A veces me siento como un *soufflé* desinflado

El dolor por la pérdida de mi amor platónico, ahora "amor desaparecido", tardó varias semanas en salir de mi cabeza. A veces me encontraba en la cocina separando las claras de las yemas para hacer *french macarons* y dejaba la batidora funcionando por más tiempo del adecuado. Nadie descubría mis desastres porque siempre estaba muy concentrada en mis quehaceres; pocas veces conversaba y jamás me quejé cuando el merengue perdía la consistencia necesaria. Con disimulo aparentaba que era una receta de prueba. Depositaba en la bandeja la mezcla con la manga pastelera formando pequeños círculos rellenos. Debía esperar quince minutos para que se desparramaran solitos; si los ponía al horno antes se expandirían con el calor, lo que alteraría el tiempo y la temperatura.

Unos meses después recibí un mensaje de Alberto vía mi hermana mayor. Los papeles de nuestro divorcio ya estaban listos. Ni siquiera tuve que estar presente porque llevábamos más de dos años separados.

—Parece que se va a casar con su nueva novia y por eso hizo la gestión de conseguir el divorcio —dijo Lily.

Me daba cierta paz saber que la gente a la que le había hecho daño alcanzara la felicidad prometida. Ya había aceptado el fracaso de mi vida en pareja. Hasta superé uno de los momentos más temidos después de abandonar a mi marido: caerme en la bañera. Y, para mi sorpresa, no morí.

Siempre pensé que estar casada me liberaría de que me encontraran desnuda y en alguna posición vergonzosa por culpa de un golpe en la cabeza producto de un resbalón. Me imaginaba inconsciente, tendida en el piso con el champú vaciándose a poca distancia de mi mano derecha. Nadie se enteraría porque vivía sola y, como no soy de fraguar amistad con los vecinos, solo cuando el olor a cuerpo descompuesto se escapara por debajo de la puerta de entrada y llegara hasta el pasillo compartido, alguien llamaría a la policía. Los uniformados tumbarían la puerta con ayuda quizás de los bomberos y descubrirían el cuerpo de la "señora soledad". Pero, en cambio, el sonido del resbalón, o el grito antes de que la cabeza azote la superficie de la bañera, llama la atención de quien vive en tu casa y prometió cuidarte hasta que la muerte los separe. Se supone que entre por la puerta a rescatarte en ese momento de desnudez y desmayo. Esa es una de las ventajas de estar casada: tener quien llame al 911.

La sentencia de divorcio llegó por correo y la guardé en una caja de documentos importantes. No volví a pensar en ella. El papel no significaba mucho para mí; desde la escapada a Chicago me sentía divorciada y en penitencia. Como no tenía la mínima intención de volverme a casar, me daba lo mismo estar legalmente autorizada a hacerlo. La lejanía contribuyó a que recibiera ese punto final con tanta calma. No quería volver a ver a Alberto; encontrármelo en algún sitio era una pesadilla que a veces me despertaba. Rogaba que, si ocurría en la vida real, él me ignorara como si nunca nos hubiésemos conocido.

Cuando tu pareja no te quiere lo suficiente se vive en el limbo del amor: sin compromiso, pero a la misma vez sin libertad. No se puede hacer más con lo que no hay. Mi hermana Jeni me preguntó una vez cómo estaba tan segura de que lo de Alberto era un problema de falta de cariño.

—Algunas personas son así, no saben demostrar el amor —me dijo.

—Eso es como el que sabe leer, pero no puede hacerlo en voz alta —contesté.

¿Cómo se supone que la niña se crea la historia de la princesa si no se la cuentas?

17

Flambear una ciudad

El ocho de octubre de mil ochocientos setenta y uno comenzó a arder en el rancho de Catherine y Patrick O'Leary, El Gran Incendio que destruyó la ciudad de Chicago. Debe ser horrible sentirse culpable de que el lugar donde vivía tanta gente se haya prendido en fuego, que más de cien mil personas perdieran sus casas y unas trescientas murieran. La pareja de granjeros desapareció al poco tiempo y no se supo más de ellos.

Para esa época, el centro de Chicago estaba hecho para quemarse. El problema principal era la construcción de los edificios, la mayoría en madera, y los que parecían ser de ladrillos o piedras eran falsos caparazones de interiores también de madera o en algunos casos de brea. No era la primera vez que aparecía un fuego. La noche anterior los bomberos se habían amanecido apagando llamas en otro que ardió por dieciséis horas y dejó cuatro cuadras destruidas. Pero El Gran Incendio fue tan aparatoso que, al terminar, había arrasado desde la calle Dekoven hasta la avenida Lincoln. Cuatro millas pasaron a ser ruinas en menos de dos días.

He visitado el Museo de Historia varias veces. Cuando me siento como gelatina que no cuaja, me acerco hasta el área de exhibición de El Gran Incendio. Me gusta leer acerca de la recuperación, de cómo los ciudadanos comenzaron de inmediato a reconstruir la ciudad. Se desarrolló una gran competencia para ver quién volvía a su vida anterior primero. La gente de Chicago habla mucho de este incidente porque les hace sentir orgullosos de haber levantado una ciudad en menos de seis meses y de que les quedara mejor construida y más bonita. Quiero tomar ejemplo de esta parte de la historia, aunque una ciudad es diferente al ser humano: es más fácil fabricarse de nuevo si no se tiene alma, recuerdos ni deudas con la vida. En una de esas páginas de internet que utilizan dibujos para ilustrar conceptos científicos dicen que el cuerpo se renueva cada diez años, por lo tanto, a los treinta no tenemos nada en común con la persona que fuimos a los veinte. Ese es otro de mis discursos de autoayuda. Si pronto llegaré a los cuarenta, significa que estoy a punto de ser una nueva y regenerada Karla. Quizás pueda despedirme por fin de los errores de la década pasada.

Hace un tiempo le hice el cuento a Drinia de El Gran Incendio. Me dijo que antes no le había prestado mucha atención, pero ahora quería conocer más del suceso. Utilicé dibujos como los que hay en la exhibición y le narré el evento como si estuviera dando una clase a estudiantes de escuela elemental.

—Deberías ser maestra —dijo cuando terminamos.

El otro día volvimos a hablar del fuego y me confesó que había pensado incendiar el edificio donde vivía si el *landlord* no desistía de subirle el alquiler. Menos mal que el Neighborhood Association de Humboldt Park intercedió por ella. Mr. Navarrete accedió a dejarle la renta igual por dieciocho meses.

Presente

Hoy, 18 de marzo de 2010
10:35 a. m.

Estaba sentado en una de las mesas cerca de la salida. Tan pronto me vio se puso de pie. Observé al caballero que caminaba hacia mí y no tardé en reconocerlo. Tenía la piel más blanca y el pelo canoso; quizás había engordado unas veinte o treinta libras que su abrigo negro largo no podía disimular. Las manos en los bolsillos lo hacían lucir resignado. Se notaba dudoso, como si temiera acercarse. Salí de la parte trasera del mostrador con mis ojos bien puestos sobre los suyos. Cuando lo tuve de frente, la temperatura de mi cuerpo aumentó, un calor me subió desde los pies hasta el cuello. La sensación de electricidad me recorría de arriba hasta abajo como si estuviera enchufada de repente a un interruptor. Estaba a punto de sufrir un ataque de pánico y si seguía parada allí iba a empezar a gritar. En dos segundos me cruzó por la mente la idea de que lo había atraído hasta Chicago por haber pasado los últimos seis meses escribiendo y conversando imaginariamente con él. Recordé el proverbio chino: "El aleteo de una mariposa puede provocar un tsunami al otro lado del mundo". Aunque lo que había hecho no tenía nada que ver con mariposas, tener a Miguel frente a mí fue como estar parada en la orilla de la playa y ver una ola de veinte pies acercarse.

—¿Te acuerdas de mí? —fue su primera pregunta.

—¡Claro! —contesté y me sentí más tranquila al notar que su tono de voz era cordial.

Hacía más de catorce años que no lo veía. Lo invité a sentarse en una de las mesas que estaban lejos de la puerta, en la esquina más silenciosa de la repostería. Me dijo que vivía en Wisconsin, donde trabajaba en un hospital del estado. Era médico generalista, había desistido de ser cirujano porque no le agradaba la idea de trabajar ochenta horas a la semana. Se había divorciado dos veces y tenía tres hijos. Hace un mes estuvo de visita en Puerto Rico y se encontró con mi hermana Lily. Ella fue quien le dijo que yo vivía en Chicago y le dio la dirección de donde trabajaba.

—¿Y tú? ¿Qué es de tu vida? —me preguntó.

Ya tenía suficiente edad para leer los ojos y entender lo que estaba haciendo Miguel. Me sentía como un carro usado ante un negociador. Se notaba en su mirada que estaba en planes de compra, tanteaba a ver si la mercancía estaba en buenas condiciones, si se veía bien, cuánto millaje acumulaba. Presentía que la única razón de esa visita era para auscultar posibilidades con un viejo amor. A lo mejor no quería romance, quizás andaba buscando acostarse con alguien y quién mejor que una compañera del pasado. ¿Por qué somos así?, ¿por qué la soledad nos impulsa a regresar a lo que nos hizo daño? Por eso hay tantas personas conectándose en las redes sociales con antiguas parejas para ver "cómo se ve fulano o fulana, qué está haciendo". Se engañan pensando que son gestos inocentes de amistad, cuando en el fondo saben que el aburrimiento en sus matrimonios o la incómoda nostalgia de las noches de soltería es lo que está detrás de esos deseos de aventura.

Le conté a Miguel sobre mi carrera como chef y mi mudanza a Chicago. No había mucho más que decir; además, los detalles más interesantes de la vida de una no se comparten con desconocidos. Y eso era para mí el acompañante que tenía de frente.

Me pidió el teléfono y le di el de la repostería, no quise que supiera mi número de celular para que desista de llamarme tarde en la noche. A esa hora es que las conversaciones se tornan irreverentes o peligrosas. No estoy para juegos y tampoco para arrepentimientos. Ya he tenido suficientes amoríos en los que he entregado partes mínimas de mí, pero lo que se mantiene conmigo ha formado otro cuerpo más sabio.

Salí del trabajo a la hora que los niños se liberan de las escuelas y corren por las aceras llenos de dinamismo. Los envidio porque a esa edad uno tiene a otra persona que le carga el bulto, le prepara comida y le compra ropa. En unos años crecerán y sus ganas de descubrir el mundo les impedirán ver la relación inversa entre lo que se gana y lo que se pierde en el camino. Ser adulto es una crueldad disfrazada de libre albedrío.

Todavía no podía creer lo ocurrido en la mañana. Caminé por la calle hasta la parada del CTA mientras algunas imágenes de Miguel se me aparecían en la cabeza. Si algo pude distinguir a pesar de lo breve del encuentro es que en aquellos ojos no estaba la confianza de antes. Ya sentada en el autobús, me dediqué a mirar por la ventana, a observar el lugar que había sido mi escape durante los últimos años. Lo mejor para renacer son esas ciudades frías que te permiten vivir sin apegarte a ellas. Por eso, en el momento que sientes que ya es tiempo de abandonarlas, no hay recuerdos felices que te amarren ni aromas cálidos que extrañar.

Cuando llegué entré en silencio. No quería que tía Jacoba me escuchara y bajara para conversar conmigo. Hoy no tenía tiempo para escuchar detalles de la boda de Sandro y Tessa. Me quité el abrigo y todo lo demás que traía puesto para protegerme del maldito frío. Fui directo a la habitación para encender la computadora y abrir el archivo del texto que había estado escribiendo durante los últimos meses. Leí todas las páginas por primera vez. Me había balanceado sobre la cuerda floja de la escritura al recordar mi vida y llegué al final del recorrido sin caerme. Entendí que lo que soy no estaba condicionado por lo que hacía bien o mal. Podía equivocarme o triunfar, pero la felicidad era más que eso. Finalmente sentía que estaba lista para regresar a Puerto Rico. No me apaleaba la pena de pensarme fracasada ni me degradaba la vergüenza de las maniobras del pasado. Eso sí, antes de volver me tomaría unos meses para, por fin, divertirme en Chicago, un poco *a mi manera*.

Awilda Cáez (Caguas, 1972) Autora de *Adiós, Mariana y otras despedidas* (2010) con el cual ganó el Certamen Interuniversitario de Literatura realizado por la Universidad de Puerto Rico. El periódico *El Nuevo Día* seleccionó este libro como uno de los diez mejores del año. En el 2013 publicó *Manchas de tinta en los dedos*, un éxito de crítica y ventas. En el 2014 fue la antóloga de *Latitud 18.5: Antología de egresados de la primera década de la maestría en Creación Literaria USC*, con el cual ganó el International Latino Book Award en la categoría "Best Fiction Multi Author". En el 2019 publicó la novela *Nadie descubrirá tus huellas* junto al colectivo literario Amalgama G7 y fue galardonada una vez más por el International Latino Book Awards con el segundo lugar en la categoría "Best Mistery Novel". El Pen Club de Puerto Rico le otorgó una Mención de Honor entre las mejores novelas del año. Sus cuentos han sido premiados en múltiples certámenes además de haber sido publicados en antologías de Estados Unidos, México, España, Argentina, Italia y Puerto Rico.

En agosto de 2014 el Municipio Autónomo de Caguas la proclamó "Escritora Distinguida" y en el 2022 le otorgó el reconocimiento "Mujer Destacada en las Artes". Posee un bachillerato en Administración de Empresas de la Universidad de Puerto Rico en Río Piedras y una maestría en Creación Literaria de la Universidad del Sagrado Corazón. Ha tomado cursos adicionales sobre publicación en Londres, Inglaterra y de narrativa en la Escuela de Escritura Ítaca de Madrid, España.

Made in the USA
Columbia, SC
20 March 2024

33086312R00076